私の歩いた英《えい》語《ご》道《みち》

「聞けて、話せる英語！」を目指して

三木律子
MIKI Ritsuko

文芸社

目次

第2章　生まれた娘はアメリカ国籍

第3章　育児の日々、そして帰国

第4章　英語を学び直す

第5章　英会話講師になる

第6章　私の英語漬け生活

第7章　「三木教室」が私にくれたもの

第8章　夫と私、娘と私

第9章　これからも英語とともに

はじめに

私が本格的に英語を学び直すようになってから、常に目指していたのは、「聞けて、話せる英語！（English for communication!）」でした。

思いがけず始まったニューヨークでの生活で、大きな障害（bottle neck）をもたらした「コミュニケーションが取れない苦しさ」に、帰国後、正面から向き合って英語を学び直しながら、私なりにいくつものハードルを克服してきました。そして今では、英語は私の「人生の友」になったのです。

その一方でこんな数字を見ると、私にはまだまだやるべきことがある、とも思っています。

正答率4・2パーセント——

昨年（2023年）7月末、文部科学省が中学校3年生を対象に4月に実施した全国学力・学習状況調査（学力テスト）の結果が公表されました。各教科の平均正答率は、国語

70・1パーセント、数学51・4パーセント、英語46・1パーセントでした。

私はやはり、英語が気になりました。英語の問題分野別の正答率を見ると、「聞くこと」58・9パーセント、「読むこと」51・7パーセント、「書くこと」24・1パーセント、「話すこと」12・4パーセントでした。「話すこと」には、問題が2問あり、「やり取り」の正答率は14・5パーセントでしたが、「発表」は、たった4・2パーセントだったのです。

英語が小学校5年生・6年生の教科として取り入れられたのは2011年でした（2021年からは3年生・4年生の必修教科にもなりました）。ですから、今回のテストに参加した中学3年生は、最低4年間は英語を学んできたことになりますが、結果は、「英語が話せない」ことを示しています。長期間学んでもなかなか「話せない」ことは、日本の英語教育の欠陥としてずっと以前から指摘されてきました。


自分自身の学生時代を振り返ってみますと、私は中学校から大学まで、教科としての英語には真面目に取り組んでいました。ただそれは、良い高校、良い大学へ進学するための手段のひとつに過ぎなかったようにも思います。

社会人になると英語との縁は途切れましたが、結婚して30歳を過ぎた頃に突然、夫の転勤によりアメリカのニューヨークで暮らすことになったのです。そこでは、長年学んできた私の英語は、コミュニケーションの手段としてはほとんど役に立ちませんでした。まず、相手が何を言っているのかがわかりません。そして、なんとなくあのことについて話しているんだな、と察しがつくようになってからも、それにどう答えていいか、言葉が頭に浮かんできませんでした。

そんな状況がしばらく続いた後、私は一念発起して「英会話」の勉強に取り組みました。そして、それが少しずつ効果を上げつつあった頃、日本に帰ってきたのです。

帰国して3年ほど過ぎた頃、私はまた一念発起して「英語・英会話」の勉強のやり直しを始めました（I need to brush up on my English again.）。その理由は、アメリカで生まれた一人娘に、英語が話せるかっこいい母親であるところを見せたかったからです。

早いもので、それから40年近くが経ちました。その間ずっと「聞けて、話せる英語！」を目指して学んできました。また自分で英語を学び続けながら、学校教育ではなかなか身に付かない「聞けて、話せる英語！」を、日本の将来を担う子供たちに身に付けてもらうことを目指して英語・英会話教室も開講しました。１９９０年代に入ってから、インターネットの普及、経済の自由化、多国間における人や情報の移動が日常化したことで、英語が「lingua franca（リンガフランカ＝世界共通語）」として顕著に認識され始めたという背景もありました。
「英語・英会話」を教えることは、時の経過と共に私の生きがいになりました。そしてその「三木教室」を開講してから22年間で４００人におよぶ子供たちが巣立ち、卒業生からの感謝の便りもたくさん届きました。

このように、英語は常に私の心の中に新しい扉を開き、人生に彩りを添えてくれました。人には、それぞれの「生活環境」があります。その中で、自分の夢を実現するためには、「情熱」を持ち、「努力」することが必要です。自分はもう年だからと、あきらめてはいないでしょうか？　私は日々、「Age is just a number.（年齢はただの数字にすぎない）」と、自分に言い聞かせています。
今回、この本をまとめながら、私のこれまで歩んできた道は、なんと幸運に満ちていたのだろうと改めて感じています。その幸運をもたらしてくれた「英語」と、私の物語を読んでみてください。

２０２４年２月

三木律子

第1章　ニューヨーク生活はじまる

私がニューヨークで暮らすの？

人には誰でも、忘れられない一日というのが一生のうち何日かはあると思います。１９８０年7月10日は、私にとってまさにそんな日でした。

その晩、帰宅した夫が突然、

「今度、技術研修でニューヨーク（New York）へ赴任することになったよ」

と告げたのです。それは、こういうことでした。

夫の勤める久保田鉄工（現・クボタ）では、当時、国際化に向けた人材強化策の一環として「留学」制度と「技術研修」制度とが設けられていました。アメリカのニューヨークと西ドイツのデュッセルドルフへ、「留学」と「技術研修」でそれぞれ２人ずつ、計８人が抜擢《ばってき》されて派遣されるというものです。

「留学」の対象になるのは入社数年後の事務系や技術系の社員ですが、「技術研修」の方は、ある程度実務経験を経た中堅技術者が抜擢されるとのこと。入社して16年の夫は、それに該当する経歴の持ち主と見なされたのでしょう。今回のニューヨークでの技術研修には、堺事業所から夫が、尼崎事業所からNさんが、それぞれ制度の3代目の駐在員として選ば

れたのだそうです。

技術研修の派遣期間は2年間で、家族も同伴するのが会社の決まりだということです。2年間という長期の海外赴任ですから、家族同伴は当然といえば当然なのでしょうが、私は正直なところ、素直には喜べませんでした。

夫はそれまでも、海外向けの製品開発などの関係でアメリカやヨーロッパへ出張していましたし、なかでもアメリカには半年にもわたる長期出張を何回もしていましたから、初めての海外赴任といってもそれほど抵抗感はないでしょう。私を同伴することも当然のこととして考えたようですが、同伴される側の私にとっては、青天の霹靂《へきれき》であり、人生の一大事でした。なにしろ、あのアメリカの、あのニューヨークで、2年間も生活することになるというのですから。

私は島根県の生まれで、大学卒業後は地元の銀行に勤め、結婚を機に大阪で暮らすようになりました。そんな私の海外体験といえば、4年前の新婚旅行で初めて香港とマカオへ行ったことだけでした。その時のワクワクした高揚感が忘れられなくて、その後も「また海外旅行に行けたらいいな」というささやかな願望はありましたが、海外で生活するなんて考えたこともありませんでした。

当時は、一生に一度という楽しい思い出づくりの新婚旅行でさえ、日本の国内が当たり前で、海外に目を向けるような人は、私の周りには誰もいませんでした。私たちが新婚旅行で香港・マカオに行くことを決めた時には、派手なことをする女性だと、冷ややかな態度を示す親戚がいたほどでした。

迷いを吹っ切って、決心！

その頃の私たち夫婦は、結婚して4年以上たっても子供ができないことに少々焦りを感じていました。私は子供が欲しい一心から、夫にも促して、それぞれが医療機関で検診まで受けました。診断では、夫にも私にも異常はないということで安堵したのですが、もしアメリカで妊娠したら出産はどうしたらいいだろう、という心配も出てきました。

私は結婚後、毎日帰宅が遅い夫を1人待つだけの専業主婦業に退屈を感じたこともあり、結婚まで銀行に勤務していたキャリアを活かして、大阪市内の会社で正社員として経理・事務の仕事をしていました。そんな生活を送っていた私にとって、ニューヨークで暮らすことなど、まるで想像もつかない他人事《ひとごと》でした。

とはいいながら、「ニューヨーク」という言葉にはそれだけで憧れを掻き立てる響きがありましたし、世界で一番華やかだといわれる街に魅力を感じたのも確かです。でもその一方で、当時のアメリカ、特にニューヨークは日本とは比較にならないほど治安が悪いことや、人種問題も根深いということを聞いていましたし、歴史や文化の違いによる生活環境のギャップも大きいように思われました。中でも一番の心配事は言葉が通じないことでした。

そのため、派遣決定を聞いた夜からしばらくは、私の心は後ろ向きでした。むしろ行きたくないという気持ちが日増しに強くなり、床の中でも悶々として、私だけ日本にとどまれないものかと考えたりもしました。

でも、同伴を拒否することなどできるでしょうか。もし私が拒否したら、技術研修に抜擢されて心弾ませている夫に迷惑をかけるに違いありません。一方で、自分の心の中に、新しい世界に向かって羽ばたいてみたいという気持ちも多少はあることもわかっていました。

現実に月日は否応なく進んでいきます。どんなに考えてみても、結局、夫に同意するほかはありません。私は、夫の赴任に同伴することを決心したのでした。

その決心を固めたきっかけのひとつは、英会話スクールでした。

渡航準備金で英会話スクールへ

夫とNさんは、1980年11月に出発することが決まっていました。そして、それぞれの家族（我が家は私ひとり、Nさんの方は奥さんと2歳の男の子）は、およそ3カ月後に渡航する予定になっている、と会社の方から聞かされました。

その間にいろいろと渡航の準備をしなければなりません。手始めは、海外技術研修を支援する担当の方との面談でした。私は久保田鉄工の本社（大阪なんば）に出向いたのですが、まるで入社試験の面接を受けに行くような気分でしたから、かなり緊張した面持ちだったと思います。

でも、実際の面談は、終始なごやかな雰囲気のなかで進みました。担当の方から、渡航までのスケジュールを丁寧に説明していただいた後、私もわからないことを尋ねました。不安なことを思いつくままに口にしましたが、親切なアドバイスをいただきました。

つまりは、面談といっても、私の不安を解消するための懇談会だったのです。そして、これは後で知ったことですが、面談の目的は、私が海外生活に適応できる能力を備えているかどうかをチェックするためでもあった、ということでした。

その面談の席上で担当の方から、私にも渡航準備金が支給されるという話がありました。そのお金は、私が自由に使っていいというのです。例えば、渡航に必要な物を自分で買いそろえたり、英会話スクールに行ってレッスンを受けたりなど、使い道はいろいろありますが、どうされますか、と聞かれました。

私は、英会話レッスンを受けたい、と即答しました。それまで私が学んだ英語といえば、中学から大学まで習い続けてきたとはいうものの、内容はリーディングと英文法がほとんどで、会話としての〝生きた英語〟を学んだ経験は全くというほどありませんでした。英語の成績はいい方でしたが、ニューヨークでの生活で、果たして英語で話すことができるだろうかと不安がいっぱいでした。

夫も渡航が決まってから、会社の勧めで大阪市内の英会話スクール（ベルリッツ）に通っていたこともあり、私は迷うことなく、渡航準備金を英会話レッスンに使わせてもらうことに決めたのです。

久保田の本社からの帰り道、喫茶店に入ってニューヨーク生活に思いをはせた時、初めて心をワクワクさせている自分がいることに気付きました。夫の会社は、同伴する家族にもしっかりサポートの手を差し伸べてくれる、さすが大企業だけに頼りがいがある、と認識した時、海外生活への不安が薄らぐように感じたものです。

その後、会社からの紹介で、大阪市内にある「タイム英会話学校」に通うことが決まりました。内容は、ネイティブスピーカー（native speaker of English = 英語を母国語とする人）の講師と週2回、1回45分間、テキストを用いたマンツーマンのレッスンだと聞きましたが、会社からすぐ訂正の電話がありました。夫と一緒にニューヨークに赴任するNさんの奥さんが、渡航準備金を買い物に充てるという初めの希望を取り消して、「三木さんと一緒に英会話学校に行きたい」という意向を示されたとのことでした。その結果、1回45分間のマンツーマンレッスンを2人分合わせて、1回90分を週2回、一緒に受けることになりました。

2カ月間のレッスンの成果は？

英会話学校から届いたテキストを開いてみると、海外でビジネスをする人が日常生活で遭遇する場面を、カリキュラムとして体系的にまとめているような感じで、それは「日常英会話（daily English conversation）」と呼ばれているものでした。これをきっちり覚えて使うことができれば、渡航後の生活にかなり役立ちそうです。

実際のレッスンが始まると、簡単な日常会話で生活に必要なものばかりですから、決して難しい内容ではありません。たとえば1人がお店の店主になり、もう1人がお客になって、店頭でのやりとりをする、といった楽しいレッスンを体験することができました。

毎回、その日習ったことをしっかり復習して、次回のレッスンまでに全部を暗記していくという宿題もありました。それは家できっちりやったつもりでしたが、ネイティブの講師と相対していると、どうしても相手の声の抑揚やスピード感にとまどってしまいます。アタマの方は何とかついて行っている気はするものの、肝心の発話がスムーズにできないという状態でした。

こんな調子で、本当にニューヨークで生活できるのか、また不安がよぎります。たまたまうまく通じ合う時があったりすると喜びは格別ですが、それも日本語で考えた言葉を一語一語、英語として並べ替えながら発話するものですから、もどかしさがありました。マンツーマンや2人制のレッスンということは、受講中、講師が発した言葉はすべてが自分たちに向けられたものであり、その一語一語にまさに一喜一憂していました。

英語でコミュニケーションをするのは、一朝一夕にはいかない（Rome wasn't built in a day. = ローマは一日にして成らず）ということを、身を以て体験することになりました。

それでも、テキストは日めくりカレンダーのように、受講日のたびに新たな設定場面のページに進み、それに沿ってたくさんの新しいフレーズや単語を学びました。

何とか渡航前に、英会話スクールの「2カ月コース」を修了できたものの、英語の実力がどれほど向上したのか、本当のところ自分では実感が湧きませんでした。ただ、成果としていえるのは、ネイティブの講師と向き合って言葉を交わし続けたことで、会話への度胸が多少はついたことと、言葉が通じた時の嬉しさや会話の楽しさが味わえたことでした。

そして、さらに嬉しいことがありました。毎回のレッスン後、男の子を連れたNさんの奥さんと一緒に、ビルの1階にある喫茶店でコーヒーを飲みながら、レッスン内容や渡米後のニューヨークでの生活についてあれこれ話し合うことで、いつの間にか私の心が渡米について前向きに変化していったことでした。

伊丹から14時間、ケネディ国際空港へ

夫が渡航してから4カ月後、私はニューヨークに向けて出発することになりました。夫は渡米後1カ月ほど、フロリダ州（State of Florida）のタンパ（Tampa）にあるエッカード大学（Eckerd College）で英語研修を受講していましたが、それを修了してニューヨークに戻り、こんどはコロンビア大学（Columbia University）で技術研修を開始して、私の到着を待っていたのです。

1981年3月14日、大阪伊丹空港の出発ゲートには、会社の担当者と、島根県から来た夫の父母（前日に空港ホテルに宿泊）が、私を見送りに来てくれていました。めったに来阪しない義父母が、私のためにわざわざ出向いてくれたことに、とても感激しました。

当時は、今と違って関西からアメリカへの直行便はありませんでした。ですから私の場合、伊丹空港から国内線で成田空港まで飛び、そこで国際線に乗り換えました。成田からはアラスカ州（State of Alaska）のアンカレッジ（Anchorage）まで飛び、そこで給油してニューヨークへ向かうという飛行ルートでした。

幸いなことに夫の会社が、1人でニューヨークへ向かう家族のために、日本航空の「ファミリーメンバーシップ」を指定してくれていました。そのメンバーシップのバッジを胸に付けていたので、フライトアテンダント（flight attendant →その頃は、スチュワーデスと呼んでいました）に手厚いお世話をしてもらいながら、何の不安や不自由なこともなく長い飛行機の一人旅をすることができました。

成田からの離陸直後に、私の左隣に座っていた5歳ぐらいの男の子と、思いがけず英語で会話を交わしました。といってもリスニングがむずかしく、彼は何度も「ハート」と言うのですが、よく意味がつかめません。私は「ハート」は「heart（心臓）」だと思っていたので、何度も聞き返して手を胸に置いたら、彼は耳を押さえ、ジェスチャーをしながら

「Painful（痛い）」と言ってくれたので、やっとその意味がわかりました。彼は、「hurt（痛む）」と言って、離陸上昇時の耳の痛みを訴えていたのです。

「heart」と「hurt」は、もちろん口の開け方と舌の使い方が違うのですが、ネイティブの正しい発音に慣れていない日本人の耳には、同じ「ハート」としか聞こえないのです。少なくとも、当時の私には意味が違う2つの単語を聞き分けるのは、至難のわざでした。それが、彼のジェスチャーと「painful」という言葉で私にも理解できたのです。私がニッコリうなずいたら、彼も同様に笑顔でうなずいてくれました。意思疎通ができたことが、とても嬉しかったことを覚えています。

東回りの飛行というのは、昼夜が短くなります。短い夜の後、窓から遠くを見渡すと、夜明けの光が地表を浮かび上がらせてとても美しいとは聞いていましたが、私の搭乗した便はアンカレッジに真夜中に到着したので、残念ながら夜明けの景色は何も見ることができませんでした。

アンカレッジではトランジット客（transit passenger）ですから、ゲート内で2時間ほどの待機時間がありました。このアラスカで初めてアメリカの土を踏む、ということから、何か心に残るような物を買いたいという衝動にかられました。数カ所ある売店の中をキョロキョロ歩き回って探しました。

「あ！　これだ」

人間の身長と同じくらい大きな看板を見つけました。私がアメリカで初めて買ったものは、日本の3倍ぐらいの大きさがあるソフトクリーム（これは和製英語で、英語ではsoft-serve ice cream ですが、通常 ice cream と言います）でした。実物を手にした時に、まずその大きさにビックリ！　想像以上の大きさでした。

「これがアメリカサイズなんだ！」と驚かされ、その味は日本のものより少し甘く感じられましたが、特別においしかったことを覚えています。売店では、短い英文を使った私の会話を店員さんが理解してくれたので、「英語で買い物ができた！」という喜びでいっぱいになりました。

アンカレッジからニューヨークへは、東南東に向けて6000キロ、約7時間もの飛行です。ロッキー山脈を越え、延々と続く大平原の穀倉地帯の上空7000メートルを飛んでいくのです。私はそれまで、アメリカについて本やテレビの映像から多くの知識を得てきましたが、それらはいずれも机上の知識として学んだものばかりでした。

でも、この飛行機の窓越しに見えた情景こそ本物のアメリカなのだ！　雄大な自然が織りなすその風景を夢見心地で堪能している自分が、不思議に思えました。同時に、この飛行機に同乗している乗客たち一人ひとりに、あなたは今回何の目的で搭乗し、いま何を考えていますかと、聞いてみたい気持ちになりました。それほど、私にとって大きな感動を覚えた時間だったのです。

乗り継ぎも全部合わせて14時間におよぶ長いフライトでしたが、ついにニューヨークのマンハッタン島（Manhattan Island）が見えました。眼下に映る摩天楼を眺めながら、飛行機はケネディ国際空港（John F. Kennedy International Airport）に無事着陸しました。

空港には、夫が会社の車を自分で運転して、迎えに来てくれていました。4カ月ぶりの再会です。互いに顔を見合わせた瞬間、夫の喜びの表情とその眼差しには格別なものがありました。夫婦というものは毎日のように顔を合わせている時は、たいした感情も湧かないものですが、無事に会えた安堵感も加わって、この時は全く違った思いが湧き上がってきたのを今でも思い出します。

周りを見回すと、様々な家族の再会場面がありました。子供を両手で頭上まで持ち上げ、全身で歓びを表す父親の姿がありました。また、子供と一緒にはしゃぐ親たちの姿もありました。子供がいる家族、私たちのようにいない家族。人々が再会の喜びを全身で表し、空港の到着ロビーには「幸せのオーラ」が漂っていました。

今考えれば、ニューヨークに降り立ったこの日は、私にとって、初めての海外生活の記念すべき1日目でした。このケネディ国際空港での情景は、様々な国からやって来た多種

1981年３月14日、日本からニューヨークのジョン・F・ケネディ国際空港に着いたところ。空港ロビーにて、車で出迎えてくれた夫が撮影。

多様な人々が、まるで夢の国にでも到着して大はしゃぎしているようにさえ見えました。私もその中の1人であり、とても心地よい空間でのひとときは、今も良い思い出の1ページになっています。

マンハッタンの街角での仮住まい

次の日、私のニューヨーク生活は、仮住まいのアパートで始まりました。夫には前任者との引き継ぎ業務があり、その間を夫が手配していたロングステイ用のアパート（キッチンとバスルームの付いた1DKの部屋）で過ごしたのです。こういうコンパクトな部屋を、こちらではスタジオアパートメント（studio apartment）と呼ぶそうです。ブロードウェイ（Broadway）にほど近い40丁目（40th street）にある8階建ての建物の4階でした。

ここで、マンハッタンについて少し説明を加えておきます。マンハッタンはニューヨーク市を構成する5つの行政区のうちのひとつです。5番街（5th Avenue）やタイムズスクエア（Times Square）といった繁華街、金融街のウォール街（Wall Street）などがあって、ニューヨークといえば誰もがイメージするのがマンハッタンなのです。私が約2年間にわたったニューヨーク生活で動き回ったのも、ほとんどがこのマンハッタンの中でした。

マンハッタンの街は碁盤の目のようになっていて、丁目と訳されるストリート（street）は、マンハッタンを東西に走る通りに、南から北へ向かって番号がふられています。一番北の端は220丁目だそうです。これに対して南北に走る通りがアベニュー（avenue）で、東から西へと番号が増えていき、16あります。だから、たとえ迷子になったとしても、方角とストリートとアベニューの番号を確認すれば、自分がどの方向に歩いていけばいいのかを判断できるといわれています。

話は、40丁目のアパートに戻ります。アパートに着いたときは、日本との時差が8時間あるので渡航疲れを心配していましたが、翌朝起きてみるとそれほどの疲れは感じませんでした。でも、夫が出勤した後、初めて1人でアパートの外へ出たときは、大いに緊張しました。

エレベータを1階で降り、2～3人の受付係が常駐しているホールから車道沿いの歩道に出ます。そこには色々な肌の色をした人々が行き交っていました。中には薄汚れたビルの壁に身を寄せたまま、うつろな目で辺りを見回している人もいました。高くそびえる摩天楼の谷間から見上げる空はきれいな青空で、そこから差し込む陽光はまるで光の筋のように見え、とてもまぶしかったことを思い出します。

その日から夫の出勤後は、彼が会社から持ち帰ってきた数日遅れの日本の新聞（読売新聞）に目を通したり、テレビを見たりして過ごしました。「seeing is believing.（百聞は一見に如かず）」なので、何事も自分の目で確かめてみたいとは思いましたが、散歩に出たいという気持ちはあっても、1人で行くには勇気が必要でした。思い切ってエレベータに乗っても、同乗してくる居住者と一緒になっただけで緊張感が湧いてくるのです。人々の交わす会話も、私の耳には雑音にしか聞こえませんでした。

身の回りの品や食材を買いに、マーケットへ出かけるのは、探検のような気分でした。商品に貼られたシールの説明文も、専門用語が多く使われているようで理解できませんでしたから、目で見てわかる既知の品を買い、レジを通る前に暗算してお札を出して、お釣りをもらうようにしました。レジ係から金額を言われて、その言葉が聞き取れなくても、平然としていました。

実は、聞き返す勇気もなかったのです。2カ月前に英会話スクールで習ったはずの決まり文句さえ、頭に浮かんでこないのです。その代わり帰宅してから、必死でコインの名称と金額を覚える努力をしました（アメリカのコインは日本より種類が多く、日本のように表面に大きく金額が表示されていないので、とっさの判別が難しいのです）。

夫がいれば当然サポートしてくれるでしょうが、私だけではとても心細く、言葉が通じないことによって自分の行動が無意識のうちに制限されているのがわかりました。コミュニケーションの手段として、英会話の必要性を改めて強く意識しました。まさに、「knowledge is power.（知識は力なり）」を体感したのです。そしてこのフレーズは、後に私が英会話講師になってから生徒を鼓舞する時によく使うことになります。

“恐る恐る”の街歩きで知ったこと

　仮住まいは2週間ということになっていました。その間、アパートの周辺を歩き回っているだけではしようがありません。せっかくマンハッタンの中心にいるのですから、私は1人のニューヨーク・ウオッチャー（a watcher in New York→ニューヨークでの注意深い観察者）となって、何よりも安全に配慮しながら日々を送ろうと決めました。

　時間的な余裕はありましたが、もちろん知り合いもないうえに、その当時のニューヨークは現在よりかなり治安が悪く、日本にいた時のようなリラックスした気分にはなれませんでした。そのため私はいつも緊張感を持ち、ある「鉄則」に従って行動していました。

　それは、①歩道を歩く時は必ず中央を歩く、②ネックレス、イヤリング、指輪はしない、③派手な服装（日本でいうおしゃれ着）はせず、基本はTシャツとジーンズ、④歩くときはキョロキョロしない、⑤ポケットにはいつも20ドル紙幣を裸の状態で入れておき、すぐに出せるようにしておく、というものでした。これは、この先も私のニューヨークにおける行動の「鉄則」となりました。

夫がコロンビア大学の講義を受けるときには、昼食の休憩時に合わせて、（私の気持ちとしては、恐れながらも勇気を出して）1人で地下鉄に乗り、大学の「待合室（waiting room）」で夫が来るのを待ちました。地下鉄の乗り方は、私がスムーズにできるように、前もって現場に出向いて夫が教えてくれました。まずトークン（token→代用貨幣。入場券として用いる特別のコイン）を買い、入り口付近にたむろしている多数のホームレスに注意を払いながら、1人用の改札機にトークンを入れて入場します。プラットホームでは、柱には寄りかからず、人々の視界に入る場所に立ち、キョロキョロせずに電車を待つ等々、まるでニューヨーカー（New Yorker→ニューヨーク生まれの人、またはニューヨークの住民）のように堂々と振る舞い、スキを見せないように心掛けました。

大学の待合室にはなるべく早めに着くように行っていたので、夫を待つ間に学生さんたちによく話しかけられました。「What are you doing here?（ここで何をしているの？）」くらいは理解できましたが、わからないことも多くありました。ある時の会話に、「ストライク」という単語が何回も出てきました。「ストライク」という言葉は野球で使うことしか知らないので、何のことを言っているのかとまどっていると、次に「サボタージュ」という単語が出てきました。「サボタージュ」は「sabotage（妨害行為）」のことらしいのです。「サボタージュ」は、日本語として普通に「サボ＋る」で「怠業」や「怠けること」の意味で使われています。この話は学生時代に先生から聞かされており、「あの人はサボタージュしているね！」などと生徒間で使っていました。そうすると、「ストライク（strike）」は日本語の「ストライキ」のことだとわかりました。このように、日本語の中に定着したカタカナ英語と本来の英語との間には、発音や意味に大きなギャップがあります。この時、理解するのに時間がかかったのは当然のことでした。

この話をしてくれた学生さん（男性）は、単語を入れ換えたりやさしい単語にしてくれたりしたので、何を言おうとしたか理解できました。彼は、私が「今日、初めて1人で地下鉄に乗ってこの大学に来た」「電車の中は、床から天井まで落書きがあり驚いた」「バスは乗り方がわからない」といった話をしたので、「交通機関はストライキが多く、時々運行停止があって困る。会社が解雇する場合もあるので、失業している人が多い」と話してくれたのです。

この体験により、私は日本語の中に定着している英語（いわゆる「カタカナ英語」）には大きな盲点があることに気づかされました。「カタカナ英語」の多くは、あくまで日本人が発音しやすいように発音し、日本語として理解しやすい意味を持たせて作り出したものが定着している、ということです。カタカナ英語については、以前から何度も問題になっていましたが、最近（といっても1年半ほど前ですが）、新聞にアメリカのジャーナリスト（journalist＝記者）のコメントとして、次のようなことが載っていました。

「カタカナはJapanized Englishと言われているが、英語と同じ意味を持っていると思い、英文記事の中にカタカナを取り入れて表現をしました。すると、とんでもない意味の間違った文としてアメリカに送信する結果になり、大失敗をしました。以後は、カタカナを日本語としてとらえ、毎回前もってその意味を調べ、英語に合致する単語に置き換えるよう時間をかけて英文を作成しています。英語のはずなのに英語ではない、このカタカナはジャーナリスト泣かせで、要注意です」

まったく、ため息が出るようなコメントでした。裏を返せば、日本人が英語を学ぶ時にも「カタカナ英語」には要注意です。

このことは、私が英会話のプライベートレッスンを受けるようになってから、よく話題にしました。すると、先生は誰もみな驚いて、真剣なまなざしで聞いてくれます。「まるで信じられない話？」といった様子でした。

コロンビア大学の待合室での会話も、私がもっと英語で言葉のキャッチボールができたらより楽しい時間になっただろうに、と少し残念でした。そして、英会話能力を向上させなければ、と強く思いました。

ブロードウェイの雰囲気を味わう

街での買い物に少し慣れてきた頃、夫が私を気づかって、便利な方法を教えてくれました。それは会計の時に、持ち合わせているコイン全部を手のひらに載せて、レジ係に見せて支払いをすることでした。コインを拾い上げてもらうのです。確かに気分的には楽ですが、前述したように、まるでニューヨークに不慣れな人間のように見えて危険を招く一因になると思い、一度も実行しませんでした。とにかくコインの名称と金額を必死で覚え、早くニューヨーク生活に慣れるよう努力しました。「When in Rome, do as the Romans do.（郷に入れば郷に従え）」ということわざのように生活したいと思っていたからです。

夫が勤めから帰宅した夕刻や休日には、2人でミッドタウンのブロードウェイ近辺の街をブラブラ歩きながら、ショッピングや食事を楽しみました。ニューヨークの街の雰囲気を味わうことで、私の心は少しずつ満たされ、これから始まるニューヨーク生活に夢を感じるようになりました。

夫が毎日通う技術研修者用の事務所は、５番街にあるロックフェラーセンタービル（Rockefeller Center Building）の５階の一室にあり、アパートからは７００メートルほどの距離でした。余談ですが、クリスマスシーズンになると、ロックフェラーセンターの広場は仮設のスケートリンクに変わり、また、リンクの横のモミの巨木には様々なオーナメントが飾られ、ビルの谷間に美しく輝きます。毎年、このクリスマスツリーの点灯式は、ニューヨークの名物としてテレビや新聞で大きく報道されています。

今回の夫の技術研修には、出国前の担当者との打ち合わせによって、次のような任務が課せられていると聞かされていました。

①各個人に課せられているテーマについての研究と、その成果を論文としてまとめ上げること。

②会社の駐在員として、事務所での仕事をこなすこと。

③余った時間は、大学で講義を受講すること。

２週間後、夫とNさんは３代目の技術研修員として、前任者の２人との引き継ぎを完了し、事務所は、引き続きセクレタリー（秘書）業務を担当するロザンさんという女性秘書との３人体制でスタートしました。

ここで夫の給与体系について少し言及しますと、今回の技術研修における給与は２本立てで、日本国内分（これから厚生年金などが徴収される）と、海外現地給与分がありました。ニューヨークにおける現地給与の額は、当時の会社の海外拠点としては最高額でした。また、自家用車は基本的には社有車扱いなので、リース契約代、燃料費（プライベート使用分を除く）を含めて会社負担、医療費、保険料も会社負担ということで、生活費としてはかなり余裕を感じることができました。ありがたいことでした。

日本人に人気の町、フォートリーに住む

夫たちが前任者との業務の引き継ぎを終えたので、前任者のMさん一家が住んでおられた、ニュージャージー州（State of New Jersey）のフォートリー（Fort Lee）にある、会社の借り上げマンション（こちらではコンドミニアム＝condominiumと呼ばれます）に引っ越しました。

フォートリーは、日本人が言うニューヨーク、つまりマンハッタン島北端の対岸にある人口3万人ほどの町です。もともと、私の叔父が、日本で縫製した学生服などをアメリカに輸入する貿易商をいとなみ、20年ほど前から住んでいましたので、私にとっては、その名前が何となくなじみがある町だったのです。渡航前から、そのフォートリーに住むこと

になることは知らされていましたし、叔父からもこの町が静かで治安も良く、日本人に人気の居住区だと聞いていました。夫はフォートリーからロックフェラーセンターの事務所まで、途中全長1451メートルもあるジョージワシントン橋（George Washington Bridge）を通り、片道40分ほどの距離を毎日車（社有車）で通勤しました。

マンションは、キャレェジハウス（Carriage House）という名前でした。鉄筋コンクリート20階の1棟建てで240世帯、入居者専用の50メートルプール付き、もちろん車庫付きで、玄関には24時間ガードマンが立っています。入居者はおよそ700人で、アメリカ人以外では日本人が3割ほどを占めており、外国人としては一番多かったようです。そのほとんどが、日本企業のニューヨーク駐在員とその家族でした。

私たち夫婦が住んだのは6階のE室で、100平方メートルほどの広さがあり、間取りは2LDKでした。渡航前に住んでいたのは大阪狭山市の狭山遊園前駅（当時）に近いマンション、40平方メートルほどの3DKで、夫婦2人暮らしには別に狭いとも思わなかったのですが、この部屋の広さと開放感には感動しました。全室にワンフロアのじゅうたんが敷きつめられ、広々としたリビングの幅6メートルほどの窓は、全てにおいて、身体が大きく背の高いアメリカ人用のサイズで作られており、床から天井まで3メートル以上あり、建て付けた4枚のガラス戸は断熱と防音効果の高いペアガラスでした。

アメリカでの最初の住まいとなったニュージャージー州フォートリーにあるコンドミニアム、キャレェジハウス。

キャレェジハウスの玄関横にて。

窓の外は、上層階をひさしにした6メートル×2メートルほどのバルコニーになっていて、そこでバーベキューが十分に楽しめるほどのスペースがあります。またこの建物の反対側のベランダ（幅1メートルの非常用の通路）から望む眼下には、樹木の陰から戸建て住宅の屋根がのぞいています。春になって新緑に覆われると、全面が森のように思えました。

全室が冷暖房完備で、調理機器、ビルトイン（built-in＝組み込み）のオーブンと食洗器、それに、バス、シャワー、トイレ（2カ所）までオール電化（電圧120ボルト）でした。台所のシンクの下には生ゴミ粉砕機のディスポーザー（disposer）がビルトインされており、すべてが便利で衛生的で、その当時の日本のマンションのそれとは段違いであり、ニューヨークの生活レベルの高さに驚かされました。

それでいて、家賃は電気料金込みで全額会社負担なので、至れり尽くせりの夢のような生活が始まった気がしました。家具など調度品は、前任者のMさんから譲り受けたので、買い足さなければならないものはほとんどありませんでした。

建物の1階、共用スペースの一角には、日本人のH医師が経営する産婦人科クリニックや内科クリニックなどがあり、日本人居住者にとっては、言葉のハンディを気にすることなく支えてくれる心強い味方でした（私ものちにお世話になることになりました）。また、来訪者用の待合室もあり、天井には素敵なシャンデリアが輝いていました。

アメリカに来て2週間、このキャレェジハウスへの引っ越しは、私に大きな安堵感を与えてくれました。玄関口のガードマンはとても好意的で、日本人と知ると片言の日本語で「オハヨウ!」「コンニチハ!」などと挨拶してくれます。

キャレェジハウスの玄関から、100メートルも歩けば、ジェノベスという大きなグローサリーストアー（grocery store →食品を扱っている雑貨店のことで、アメリカでいうsuper marketは「コストコ」のような大型のスーパーを意味しています）がありました。その手前にはショッピング街があり、その中のテナントのひとつに「大同」という、韓国人経営の食材店もあり、韓国料理の材料だけでなく日本の食材や食品がかなり並んでいました。日本語が少し通じるのも便利でした。

私は、これらの店で買い物をしたり、近くの並木道を散歩したりすることが日課のようになりました。また、車で5分ほど走れば、フォートリーの繁華街に出ます。中国料理店や日本食レストランも数軒あって、外食するのにも便利なところでした。

そして、入居してしばらくしてから、なんと我が家のバルコニーから、あのエンパイアステートビル（Empire State Building）が見えることがわかり、びっくりしました。当時はすでに、ワールドトレードセンタービルに高さ世界一の座を譲っていましたが、アメリカの象徴ともいわれたビルの姿を、いつでも眺めることができたのです。夜景はさらに素晴らしく、私は毎晩眺めながら、これがニューヨークだ！　自分はここに住んでいるんだ！　夢ではないんだ！　という満足感に浸るのでした。

とくにクリスマス時期になると、エンパイアステートビルの上層部分がクリスマスカラーの緑と赤のイルミネーションで飾られ、人々を魅了しました。私もその１人でした。40年以上を経た今でも、その光景を昨日のように思い出します。

快適な環境、充実した生活

キャレェジハウスでの生活に慣れてくると、私は機会を見つけては、夫が働いているロックフェラーセンタービルに近いマンハッタンのミッドタウンへ、１人で出かけるようにもなりました。公共バスで１時間ほどかかりますが、フォートリーに閉じこもってばかりはいられません。

外出の目的のひとつが、２週間に１度の小原流「生け花教室」でした。生徒の多くは日本人でしたが、数人のアメリカ人も参加し、日本文化を身に付けようと熱心に花を生けていました。この教室での静寂な１時間は、私の心を十分に満足させてくれました。

教室に少し慣れた頃、たまたま隣の席になったアメリカ人の女性に、勇気を出して声をかけてみました。

「How long have you been learning flower arrangement?（どれぐらいの間、生け花を習っておられますか？）」

「Will you keep on trying?（これからも続けられますか？）」

などなど。

その時は、発話する前に頭の中で一生懸命文章を組み立ててての会話でしたが、相手から返事があり、コミュニケーションを取れたことがとても嬉しかったのを覚えています。日本で銀行に勤めていた頃、花嫁修業の一環として池坊流の生け花教室に通っていたのですが、ニューヨークでの「生け花教室」は小原流で流派も違い、とても新鮮な体験でした。

教室で教わった後、生けた花は水盤から外し、花束にして自宅に持ち帰りました。そして、自宅の水盤に生けなおすことで、新たな出来栄えを楽しみました。夏になると、近隣への外出時には家のクーラーをつけたままにして、花のいのちを長持ちさせるようにしました。日本と違い、電気料金は前もって一定額が家賃に組み込まれていたので助かりました。

マンハッタンへの外出の機会は、夫の仕事の関係からも多くなっていきました。夫は、毎日ロックフェラーセンターの事務所に通ってはいましたが、通常は朝と夕方に立ち寄る程度で、日中の多くの時間はコロンビア大学で過ごしていました。講義を受講したり、大学の図書館で論文執筆のための調べものをしたりすることが定番だったのです。私も時々夫と待ち合わせて、大学のキャンパスを散策したりしました。そんな時に、夫が大学で知りあった人たちを紹介してくれたこともありました。

ポットラックパーティの思い出

ある休日、夫と私は大学の横を流れるハドソン川（Hudson River）の川辺にある広い芝生の公園で開かれた、ピクニックを兼ねたポットラックパーティ（potluck party）に参加しました。それは、コロンビア大学の学生やその知人たち20人ほど（アメリカ人、スイス人、中国人、韓国人、日本人など）が集まるパーティでしたが、夫から誘いを受けて、私も出席することにしたのです。参加者のうち2人とは夫の紹介で顔見知りになっていたので、違和感はありませんでした。

　ポットラックパーティは参加者がそれぞれ料理を持ち寄って楽しむ集まりですから、私は日本料理を紹介する良い機会だと思い、得意の「俵型《たわらがた》おにぎり」を用意しました。日本から持参した木製の型押し道具（大阪・千日前の道具屋筋で買いました）を使い、一口サイズのおにぎりを2種類（海苔《のり》を巻いたものと黒ゴマを振りかけたもの）作りました。そして、日本から持ってきた大きな寿司桶の中に、円形にきれいに並べて入れ、その中心には、赤・緑・黄色など色とりどりの野菜を配置し、まるで大きな一輪の花に見えるように創作しました。食材は「大同」で買い揃えて、前日の夜に具材の配色に苦心しながら調理しました。

当日、寿司桶のふたをした状態で私の作品を差し出したところ、みんなの目が釘付けになりました。そして、ふたを取って中が見えた時、いっせいに歓声と拍手が起きました。まだ食べてもいないのに、みんな見た目の美しさに感動してくれたようでした。味については、みんなが何を言っているのか私にはわかりませんでしたが、その表情から満足していると推察しました。後々まで強く印象に残った楽しいパーティでした。

夫には、ニューヨーク駐在員として、本社からの出張者をアテンドする仕事もありました。そんな出張の方から、夫を通して、私が喜ぶようなプレゼント（日本のお茶、ふりかけ、カステラなど）をいただくことがよくありました。また、出張の方々と夫との会食に同席することも何度かあり、それらも楽しい思い出のひとつになりました。

また、夫の上司であった方がニューヨークに来られた際には、我が家へお招きして、私

コロンビア大学の学生らとのポットラックパーティ。

大きな寿司桶に俵型のおにぎりを花のように並べて（写真中央）。

の手料理で「おもてなし」することもありました。日本では、上司を自宅で接待するなどということは一度もありませんでしたが、ニューヨークだからこそ、そういう機会に恵まれ、楽しいひと時を一緒に過ごせたという満足感があったように思います。招待客からも別れぎわに何度も何度もお礼を言われました。この「サプライズパーティ」については、帰国してからも招待した方々との間で話題にのぼったという話を夫から聞いて、とても嬉しく、このご縁を大切にしたいと思いました。

さらに、ニューヨークだからこそ体験できたということに、生まれて初めてのゴルフがありました。夫に誘われるまま、ゴルフ道具を買い揃えての初参加なのに、いきなりコースを歩かされました。もちろんスコアは散々でしたが、芝生の鮮やかなグリーンが目に焼き付きました。その印象が忘れられずに、帰国後に新築した我が家の庭は、前庭と後ろ庭の全面に芝生を植えました。そして、後ろ庭にホールまで作り、２人で時々パットの競争をして楽しみました。

夜のニューヨークも魅力的で、私は大好きでした。とりわけブロードウェイのミュージカル、『Cats（キャッツ）』、『That's America（ザッツアメリカ）』、『West Side Story（ウエストサイドストーリー）』、『Evita（エビータ）』、『The Sound of Music（サウンドオブミュージック）』などには魅了されました。日本では、ミュージカルを鑑賞する機会が少なかっただけに、一度観てからはすっかりファンになりました。世界中から、ミュージカルを目当てに観光客が集まるのも当然だと思いました。

第2章　生まれた娘はアメリカ国籍

夫の多忙が私のストレスに

私がニューヨークに来て3カ月ほどたった頃、夫の職場がロックフェラーセンタービルから、その近くにあるクライスラービル（Chrysler Building）の59階に引っ越しました。もともと会社の営業部門が置かれているフロアの一室を借りて、夫たちの事務所にしたとのことでした。

これは後のことですが、私は生後5カ月の娘を連れて、この59階の事務所を訪問したことがあります。夏でしたが、その日は雨上がりで、事務所から下の道路を見ようとしたら、眼下には雲が浮かんでいてビックリしました。雲の隙間からはるか下に、マッチ箱ほどの大きさの車がたくさん動いているのが見えました。まるで「おもちゃの国」の光景を見ているようで、しばらく見入ってしまいました。この時の感動は、英会話のレッスンの時によく話題にしました。

クライスラービルは77階建てで、１９３０年の完成当時は世界一高い建物でしたが、翌年にはエンパイアステートビルに抜かれてしまったそうです。それでも、そのアール・デコ調の優美な造りはニューヨークの貴婦人と讃えられ、今でも十分魅力的で、ニューヨークを象徴する建物として映画などにもよく登場します。アール・デコ（Art Décoはフランス語）とは、1910年代からヨーロッパおよびアメリカ（ニューヨーク）で流行、発展した装飾美術で、幾何学図形をモチーフにした記号的表現や原色による対比表現などの特徴を持つそうです。

夫が言うには、ビルの最上階から伸びている細くとんがった先端部を覆う瓦は、インコネル材という、ステンレスより高級な錆びない特殊鋼で製作されていて、とても高価なものだそうです。さすがに夫は機械技術者です。目のつけどころが違う、と思いました。ちなみに、夫も私もこのクライスラービルの姿がとても気に入って、現在の我が家のリビングルームには、ビルの瓦屋根部をフォーカスした縦70センチ、横100センチの大きな写真額が飾ってあります。

話を戻しましょう。

ビルを移転したといっても、事務所は夫とNさん、そして秘書のロザンさんの3人体制であることに変わりはありません。当然、夫の業務の内容も前と同じということでしたが、実際は赴任当初に比べ、だんだん多忙になってきたように思えました。

夫は、昼間はコロンビア大学で過ごす日が多かったのですが、朝夕必ず事務所に立ち寄って、ロザンさんとの事務連絡をこなし、日本からの電話やテレタイプに対応したりしていました。そして、そんな通常業務に加えて、緊急性の高いイレギュラーな仕事が頻発して、多忙になったようでした。その多くは、日本から出張で来られる会社関係者への対応であったそうです。

まず、こちらに出張してくる方と、訪米前に日程を打ち合わせ、それに沿ってホテルの予約を手配します。その方がニューヨークに到着される時間に合わせて空港に迎えに行き、ホテルまで送り、次の日からの会議や会食を設定したり、アメリカ国内の航空券の手配、訪問先との時間調整、場合によっては出張先までアテンド（付き添い）したり、オフの時間のための観光ガイドまで頼まれたりして、やるべきことが山ほどあるようでした。

そうした事務的な仕事とは別に、夫がこの研修期間内に仕上げるべき論文執筆のための準備作業もいろいろとありました。全米農機学会、自動車学会、機械学会といった学会に参加したり、工場を見学したりと、アメリカ国内への出張が続くこともありました。

夫の仕事が忙しいことは、結婚当初からでした。ただ、私も会社に勤めていましたし、ご近所とのつきあいなどもあり、自分なりの活動範囲の広がりの中で日々が過ぎていきましたから、それほど気にはなりませんでした。でもニューヨークでは、夫がいないと部屋でポツンと1人だけで過ごす時間がどうしても長くなります。

幸運なことに、フォートリー郊外には叔父夫婦とその中学生の長女が住んでいましたから、電話で連絡をとりあったり、ときおり訪ねたりして、いくらかの気分転換にはなっていました。

また、夫と一緒にニューヨークに赴任してきたNさんの家族は、同じマンションの8階に住んでおられたので、奥さんとはお互いの家でお茶をしたりしました。自分たちの若い頃の話、2人で通った英会話スクールでの思い出、お互いの趣味のことや、日本での生活とニューヨークでの生活の違いなど、色々なことを話題にして、楽しい時間を過ごしました。

ただ、1人で部屋にいる時間が長くなると、もしも英語が自由に話せたらネイティブの友だちができたかもしれない、英語のリスニングが十分できたならテレビも映画も楽しいだろうに、などという満たされない気持ちが湧いてくるのです。

でもこれらは、今から40年以上も前の話です。その当時、日本の英語教育ではスピーキングとリスニング、つまり英語で会話するための能力を養う授業はほとんど行われていなかったのですから、「私は英語が話せなくても仕方がないのだ」と納得せざるを得ない自分がそこにいたのです。

こんなこともありました。ある日、キャレェジハウスのベランダから何気なく下を眺めていたら、道路を走ってきた小学生ぐらいの少年が白い乗用車と正面衝突したのが見えました。少年はボンネットに当たってそのまま宙に舞い、車の屋根に落ちてワンバウンドし、その勢いで車の後ろの道路に背中から落ちたのです。

驚いたことに、少年はスッと立ち上がり、何もなかったように歩いて立ち去りました。ドライバーは車から出ようともせず、すぐに走り去りました。そばにいた歩行者も、その事故を見なかったのか、トラブルに巻き込まれたくなかったのか、みんな知らん顔をしていました。

私は唖然としました。日本では考えられないことです。しばらく心がモヤモヤしていましたが、渡米前に久保田鉄工の本社で面談した担当者から、ニューヨーク生活において特に気を付けることのひとつとして聞かされており、フォートリー在住の叔父夫婦からもきつくアドバイスされた、注意すべきことを思い出しました。それは、アメリカで交通事故を起こしたり、何かのアクシデントに遭遇したりした時には、絶対に「Sorry（ごめんなさい）」と言ってはいけないというものでした。「Sorry」と口に出したら自分の非を認めたことになり、あとあと不利になるからです。そのアドバイスの意味が、この事故（?）を見てわかったような気がしました。アメリカで暮らすことの、厳しさなのかもしれません。

待望の妊娠、希望が湧いてきた

そんな少し憂鬱な気分の日々が一変する、嬉しい出来事がありました。こちらでの生活が、私たち夫婦には良い刺激になったのでしょうか。

それは、生まれて初めて感じた妊娠の兆候から始まりました。結婚して5年、なかなか子供ができず、夫と検診を受けたりなどしていろいろ努力してきましたが、結果は出ないままでした。それが、ニューヨークに来て3カ月ほど過ぎた頃から、急に食欲がなくなり、体調不良が1カ月ぐらい続いたのです。夫の仕事ぶりに何となくストレスを感じたのも、もしかしたらそのためだったのかもしれません。そこで、もしやと思ってキャレェジハウスの1階にあるクリニックを訪ねました。

日本人医師のH先生に診ていただいたところ、先生の口から「おめでとうございます」という言葉が飛び出したのです。長年待ち望んでいた「妊娠」という2文字を告げられた瞬間は、飛び上がるほどの喜びでした。

「本当ですか。嬉し～いです！　ありがとうございます！」

診察室の窓が震えたのではないかと思うほど、自分でもびっくりするような大きな声でお礼を言いました。そして、すぐさま夫の事務所に電話して、この朗報を伝えました。受話器からは夫のはずんだ声が返ってきて、私は再びうれしさをかみしめました。

すぐにでも日本に電話して、実家の母に報告したかったのですが、とりあえずそれはやめることにしました。H先生から、「妊娠したばかりなので、我が子を自分の腕に抱くまでは用心し、くれぐれも無理はしないでください」と注意されていたこともあり、その言葉が私の決断の後押しをしました。

決断の裏には、夫の実家の家系のことがありました。実は、夫の実家は代々〝子供に縁が薄い家系〟だったのです。夫自身、幼い頃に養子として三木家に入っていましたし、その養父も実は養子で、結婚したものの子供ができなかったのです。さらにその先代も養子で子供ができなかったということで、実に100年近く子供に恵まれなかった家系でした。

私の実家に妊娠を伝えれば、夫の実家にもきっと伝わってしまうでしょう。大喜びすることは間違いないでしょうが、私も初めての妊娠で不安でしたし、出産までにはまだ7カ月近くもあります。もし万が一私が流産したりすれば、両方の実家の嘆きはどれほどか、察するに余りありました。そこで、夫ともよく話し合った末に、安定期に入り、さらに出産日の1～2カ月前になってから知らせた方がいい、という結論になりました。

コミュニティ誌が役に立った

私はつわりによる体調不順が続きましたが、夫の方は相変わらず出張が多く、留守中1人で過ごすことは、不安で心細いものがありました。でも、それもこれまでとは何か違っていて、赤ちゃんが生まれるという新しい希望が、私の心の大きな支えになっていたのは間違いありません。

幸いなことに、同じマンションの中に私より3カ月早く出産する予定の日本人女性がいることがわかりました。早速、お友だちになったそのNaさんから、色々なアドバイスや情報をもらうことができました。つわりがひどかった私ですが、Naさんとの交流が心の支えになりました。さらに、フォートリーの叔父夫婦からもたくさんの情報をもらったことで、大きな不安もなく、毎日寝る前にはカレンダーに×印をつけて、指折り数えて出産日を楽しみに待ちました。

出産日といえば、日本では〝十月十日《とつきとおか》〟といって、妊娠期間10カ月で出産すると考えますが、アメリカではそれが9カ月だったのも驚きでした。もちろんアメリカ人が日本人より出産が早いわけではなく、数え方の違いだけなのですが。とにかく、私は9カ月間の妊娠期間をポジティブな心で過ごすことができました。

妊娠初期に頼りになったのは、ニューヨークの日本人向けのコミュニティ情報誌（フリーペーパー）でした。現在ならインターネット上に情報があふれていますが、1980年当時はやはり紙媒体に頼るしかありませんでした。その点、ニューヨークでは日本人向けの情報が日本語で読めるフリーペーパーがいくつか発行されていたので助かりました。私は、妊娠するまではあまり読んではいなかったのですが、たまたま手元に置いていたので、何か参考になるものがあるのではと、丹念に目を通すことにしたのです。

コミュニティ誌には、生活のために必要な「衣・食・住」に関する様々な情報がわかりやすく紹介されていました。その紙面は3分の1が広告で、多くは日本人が経営するレストランやクリーニング店などのお店のものでしたが、当然、医療や出産に関する情報も広告を交えて掲載されていて、さすがにニューヨークだと思いました。

早速、記載された番号に電話したいところでしたが、私はここで躊躇してしまいました。やはり言葉についての抵抗感があったのです。電話をかけるとしたら、まずは「もしもし」ではなく「ハロー」から始めなければなりません。たとえ相手が日本語のできる人であったとしても、ここでは「ハロー」から話すのが礼儀だと思っていたからです。そんなためらいがあり、すぐに電話をする気にはなれませんでした。もっとも、英語での電話のかけ方は夫から聞いていたので、すぐに応用できるようにはなっていました。

「Hello, this is Ms. Miki speaking. Is there anyone who can speak Japanese?」

ところがなんと幸運なことに、あるコミュニティ誌に、私が初めて診察を受けたH医師のクリニックの大きな広告が、赤ちゃんのイラスト入りで掲載されていたのです。それを見ると、私たちのマンションの1階にあるクリニックのほかに、ニューヨーク（マンハッタン）とブルックリンにクリニックがあることが分かりました。マンションの1階のクリニックが休診のときに体調が急変したりしたら、当日、先生が診療されているどちらかのクリニックでも受け付けてもらえるということがわかり、ひと安心しました。

つわりには苦しんだけれど……

灯台下暗しではありませんが、それからの定期検診は、引き続きマンション1階にあるHクリニックで行うことにしました。そして、妊娠5カ月が経過した頃H医師に、出産する病院はニューヨーク（マンハッタン）である、と聞かされました。セントラルパークの南西方向のミッドタウンに位置している「ルーズベルト病院」（Roosevelt Hospital）を手配していただいたのです。そして、出産を迎えるための準備として、キャレェジハウスから車で30分ほどの距離にある「ラマーズ法（Lamaze Technique）教室」も紹介していただきました。

私は、その頃になってもまだつわりが続いていたので、H医師に相談しました。

「妊娠当初からつわりがひどくて、食べ物といえば、朝、昼、晩の3食とも小さなおにぎりで、海苔を巻いたものや梅干しの入ったものしか食べられませんでした。海苔や梅干しがなくなってしまったので、それからは白いご飯に塩をふりかけただけのおにぎりを食べています。やっと授かった赤ちゃんに栄養が行き届いていないと思うので、とても心配しています」

それに続いて私は、日本で聞いていたことを説明しました。日本では、つわりの有無にかかわらず、妊婦はとにかくたくさん食べて色々な食材から栄養を摂取しなければならない、といわれていたからです。これに対する先生からの返答に、私は救われる思いがしました。

「妊娠した時から、少し大きめのタブレットの薬を1日1個飲むように渡していますが、きちんと飲んでいますか？　その中には、お腹の赤ちゃんに必要な栄養素が全部入っているので、お母さんは何も心配せずに、食べられるものを食べればいいのです」

H医師の説明を聞いた後は、長い間つわりで苦しんで厚い雲におおわれていた私の心が雲ひとつない青空に急変したような、すがすがしい気持ちになりました。その頃の医学は、ニューヨークの方が日本より30年ぐらいは進んでいたのではないでしょうか。

クリニックでの２週間に１度の検診のたびに、H医師から赤ちゃんの発育が順調であると知らされて、その都度嬉しさが増してきました。

ただ、ひとつだけ心配なことがありました。妊娠５カ月頃の検診後、H医師から次のようなことを言われたのです。

「少し出血しているので、気を付けないと流産につながるかもしれません。家でゆっくりし、大事に過ごしてください」

それは私の胸に突き刺さる言葉でした。まるで「喜び」でパンパンに膨らんだ風船が、突然破裂したようなショックを受けました。でも、早めに先生から症状を知らせてもらったことをポジティブ（positive＝前向き）にとらえようと思い直しました。それ以降はお腹にそっと手を当てて、まだ見ぬ我が子との対話を始めたのです。そして、翌年２月には必ず対面することを、我が子に約束しました。

一方で、出産の準備もありました。準備は、基本的に１人でしなければなりませんでしたが、私は誕生してくる我が子のために、手編みの産着を作ることにしたのです。日本から持ってきていたニッティング道具と編み物の本を持ち出し、新しく買った白、黄色、薄

「健やかに」との思いの込められたニッティングの産着と千羽鶴。

緑の3色が1本に編み込まれている毛糸で、靴下、ベスト、ケープ、ズボン、手袋、そして帽子まで編みました。赤ちゃんの全身を包み込むほとんどの衣類をすべて自分で作ったのです。

生まれてくる子が男か女かはわかりませんが、どちらでも着られるような可愛いものになればそれでいいと思いました。幼子がどんな体形をしているだろうかと想像しながら、編み物の本の事例を参考にしてサイズを決めました。伸縮性に富んだ、ふかふかのニット編み作品が出来上がりました。

ラマーズ法教室に夫婦で通う

私の妊娠が判明してからは、夫も仕事をできるだけセーブすることに努めているようでした。夫なりに私をサポートしてくれるようになったのです。そのひとつが、妊娠7カ月にあたる12月から通うようになった「ラマーズ法教室」への同行でした。

その頃の日本ではお産は苦痛を伴うことが当たり前で、陣痛が始まった妊婦は分娩室で〝産みの苦しみ〟に必死で耐えながら出産するものとされていたようですが、ここニューヨークでは、「ラマーズ法」による心理的無痛分娩が広く普及していました。

そして「ラマーズ法教室」に通うと、夫も分娩室での出産に立ち会うことができ、しかもカメラやテープレコーダまで持ち込みが可能になるということでした。それもあって、夫は最初から協力的で、熱心に参加してくれました。私も、夫が立ち会ってくれるということはとても心強く思ったものです。

ラマーズ法では、出産の際の呼吸法が大切で、陣痛に合わせて妊婦が大きく息を吸って、ゆっくりと吐くことに集中します。そのことによって緊張がほぐれ、自然な子宮収縮による出産が可能になるのです。それは、妊婦が陣痛の激痛を体験すると、その後に起こる分娩時の痛みへの恐怖心がさらなる痛みを生み出してしまうという悪循環を止めることになり、心理的に痛みが緩和されるということでした。しかし、その呼吸法をはじめ、身体の柔軟性、特に開脚の角度などはきちんとした指導を受けることが必要なので、教室が開かれているのです。幸いなことに「身体の柔軟性、特に開脚の角度」については、若い時から毎晩、柔軟体操をしていたので170度くらいの開脚ができました。まさかそのことが出産時に役立つとは思っていなかったので、とても嬉しかったです。40年が過ぎた今でも、朝と晩の2回柔軟体操をするのが習慣になっていて、これが私の健康維持に役立っているのを感じます。

「ラマーズ法による出産では夫にも大きな役割があり、出産に立ち会うことが原則で、「ラマーズ教室」も夫婦同伴の参加が基本のようでした。私たちが参加した教室は2カ月間コースで、1回が90分ほどで2週間に1回開かれ、毎回日本人カップルが4組から5組参加していました。

講師は、年配の日本人女性で、以前は自宅で出産する妊婦の補助をする仕事をしていたとのことでした。つまり、助産婦さん（midwife）です。経験豊富で、どんな質問にも的確なアドバイスをしてくれて、とても頼もしく思いました。

授業は、日本語での座学と実技指導でした。実技は、夫が妊婦の手を取って、講師の合図とともに夫婦で呼吸するという指導でした。中には妊婦1人で参加している方もいましたが、別段困っている様子はありませんでした。そして呼吸法のほかに、出産当日、夫がやるべき「重要な補助動作」のリハーサル（rehearsal）をしました。先生はカバンからテニスボールを2個取り出し、「ラマーズ法では〝夫婦2人で協力して出産する〟というコンセプト（concept＝概念）があるので、これはそのひとつの大きな役割といえます」と言って、机の上の2つのボールを左右の手のひらの下に置き、強く押さえながら、まるで子供がボール遊びをしているようにクルクルと回しているのです。出席者はみんな、「えー？　それは何ですか？　何をされているのですか？」と、心の中で問いかけながら、この不思議な光景を見つめていました。

私の出産の当日は、あらかじめ用意しておいた2個のテニスボールを、病室（陣痛室）へ持ち込みました。そして、そこから始まった「夫の大きな役割」とは、以下の通りです。

陣痛が始まるのに合わせて、夫はベッドに横になっている私の背後に座り腰の右側と左側にテニスボールを置き、少し体重を乗せて強めに手のひらで押しながらクルクルと円を描くように回し続けました。陣痛が弱まると、私は合図して夫の手を止め、夫はベッドの横で次の陣痛に備えて待機してくれました。この動作を出産まで繰り返すことで、耐え難い陣痛による激痛が緩和され、私は七転八倒（ups and downs）することなく乗り切ることができました。

ラマーズ法教室の座学の方では、birth canal（産道）など、かなり専門的な英語も登場しましたが、英語の後に日本語での説明があったので、ニューヨークでの出産にも不安を感じることはなくなりました。教えられたとおりにやれば完璧だ！　と思い、毎日出産のための練習をしました。

２カ月の教室の終了後は、自宅で毎晩、陣痛に合わせてする呼吸法や柔軟体操（開脚など）を練習しました。これらの知識が、出産への不安をやわらげてくれ、「早く我が子に会いたい！　早くこの腕に抱きたい！」という思いが強くなりました。その時の私は、子供の頃によく歌った「はやく来い来いお正月」ではありませんが、「はやく来い来い出産日」という表現がぴったりのルンルン気分でした。

カーネギーホールでの至福の時間

８カ月も過ぎると、おなかの中で赤ちゃんが元気に動き回っていることがよくわかるようになりました。夫は、「赤ちゃんの心音が聞こえる」と言いながら私にすり寄り、おなかに耳をあてるのが楽しみになったようでした。赤ちゃんのために編んでいた毛糸の産着も、すべて完成しました。

出産まで残すところ1カ月余りになった頃、私は赤ちゃんが無事に生まれてきて家族の一員になってくれますように、という願いを込めて「千羽鶴」（Thousand Paper Cranes）を折り始めました。寸暇を惜しんで折り続け、出産直前の定期検診でも、先生が診察台のある部屋に来られる前のわずかな時間を有効利用しようと、妊婦服のポケットに、そっと折り紙を忍ばせておきました。自分のひざの上で一生懸命に千羽鶴を折っていたら、先生が驚いて「何しているの？」と聞かれました。

「出産予定日までに千羽鶴を完成させたいのです。あと100羽で1000羽になるので、今、必死に折っていますが何とか間に合いそうです」

「それは良かった。残り100羽を折るのは大変だろうけど、頑張ってください」と笑顔で励ましの言葉をかけてくださいました。

今から思えば、これらの会話は出産日の4日ほど前のことでした。

出産の2日前にやっと1000羽目を折ることができたので、最後にそれらを糸に通して完成させました。そして、全部をひとつに束ねてリビングに飾った時、その華やかさと、出産に間に合わせることができたという安堵感で、胸に込みあげてくるものがありました。

鶴を折った折り紙は、5センチ角の、赤青黄緑紫などとてもカラフルなもので、千羽鶴にはぴったりでした。これはもともと、こちらでネイティブの人たちと知り合いになれたら、日本文化を紹介するひとつの手段として、彼らの目の前で鶴などを折って披露するつもりで、日本から持って来ていたものでした。

夫は夫で、生まれてくる子供の名前を考えてくれているようでした。それには理由がありました。アメリカは出生地主義をとっているので、アメリカで出産した子は自動的にアメリカ国籍を取得することになります。その手続きとしては、出産した病院が「出生証明書（Birth Certificate）」をすぐに発行して、当局へ届けてくれます。ですから、日本とは違って、出産する前にすでに子供の名前を決めておく必要があったのです。

一方、親には退院する際に当局の押印のある正式な「出生証明書」が手渡されます。これのみが、アメリカ市民権を得る手掛かりになるので、とても大切な書類であると聞いていました。叔父夫婦には、出産後3カ月以内に日本国総領事館に親が出生届を提出しないと日本国籍を失うことになるので要注意、と言われました。そして、叔父夫婦の知り合いでも、総領事館への届け出を忘れて「我が子が日本国籍を失った」と悲嘆に暮れている人が幾人かいる、という話をしてくれました。この有難いアドバイスのお陰で、夫は出産後すぐ在ニューヨーク日本国総領事館に出生届を出してくれました。これらの手続きについては、各州や病院によって違うとのことです。

出産前、私は思い切ってH医師に、「男の子ですか？　女の子ですか？」と尋ねてみました。先生は、次のように言われました。

「女の子のようです。でも、実はまだ断定はできなくて、生まれて来るまでわからないのです。それは、稀《まれ》にですが、男の子の印が赤ちゃんの太ももの間に隠れていて画像では見えない場合があるからです。だから、名前も男女両方を考えておいた方が良いと思います」

私は先生の説明に納得し、すぐに夫に伝えました。このような理由で、私たちは男女両方の名前を考えることにしました。

出産前には、もうひとつ私にとって大きな思い出をつくることができました。妊娠8カ月目に入った12月、ニューヨークには大寒波が襲来し、気温は摂氏マイナス20度を記録するまでになりました。ある日、外には30センチの雪が積もっていましたが、道路は車が走れる状態だったので、「今日がその日だ！」と決断して、夫と車でカーネギーホール（Carnegie Hall）へ出かけました。私のかねてからの夢であった、バレエの名作、チャイコフスキー作曲の『The Nutcracker（くるみ割り人形）』を鑑賞するためでした。

それは、私の強い希望によるものでした。出産まではあと2カ月しかないうえ、出産後は育児にてんてこ舞いするに決まっています。世界最高峰の芸術作品といわれているバレエを、あのカーネギーホールで見られるチャンスは今しかない、と決断したのです。

当日の悪天候とは裏腹に、私は小躍りするほど嬉しかったのを、今でも鮮明に覚えています。おしゃれをした多くの人々が、入場の順番待ちの列にきちんと並び、家族同士、友だち同士が笑顔で話しています。時々知っている単語が耳に入ってくるのですが、文章としては聞き取れませんでした。でも、その声のトーンから、これから始まる素敵なバレエ鑑賞に向けての期待感が感じ取れました。それと共に、英語のリスニングができてこそ会話が弾むんだなあ、とつくづく思いました。

劇場の中に入りました。舞台と客席が円形に配置されたデザインと、豪華な内装を目にした途端、私の足は止まり、思わず「すごい！」と声が出てしまいました。今まで想像したこともないような素晴らしい建築であるカーネギーホールで過ごしたこの2時間は、私にとって至福の時間で、今でも心の中に〝宝物〟として残っています。

無事出産、「博美」と名付ける

1982年2月23日、陣痛が起こり、病院へ。分娩室に入る前の陣痛室では、夫がラマーズ法の教室で習った呼吸法の声がけをしてくれました。また、テニスボールを当ててくれて、陣痛がくるたびに起こる激痛が緩和されました。

分娩室に入ってからは「臨戦態勢」に向けて精神統一をしていました。夫は、そこでも声がけを続けてくれていました。

分娩台に乗るや否や、看護師（nurse）さんの大きな声が聞こえてきました。

「Look at this mirror!（この鏡を見なさい！）」

その丸い鏡は天井からぶら下がっていました。続いて次のように言われました。

「You can see a baby. Are you in a good position?（あなたは赤ちゃんが産まれる瞬間を見ることができます。あなたは良い位置にいますか？）」

「Yes, I am.」と答えました。

そういえば、鏡については「ラマーズ法教室」で、出産の仕方が日本と違うということを説明されたのを思い出しました。そうこうしている内に1回目の陣痛の予兆を感じたので、練習した通り深呼吸をし、「ヒッヒッフー」のリズムに合わせて呼吸をしました。息を全部吐き切った時、先生の叫び声が聞こえてきました。

「Open your eyes! Don't close! Look at this mirror.（目を開けて！　閉じたらダメ！　ちゃんとこの鏡を見て）」

その大声に驚いて、目を開けて看護師さんたちが指さしている鏡を見たら、赤ちゃんの頭が半分だけ外側に出て、髪の毛が見えていました。私が力を抜いたら、その頭が中に入ってしまい、見えなくなりました。すると、すぐに先生の日本語の声が聞こえてきました。「ほらね！　赤ちゃんが中に入ったよ！　次は目を開けて鏡をしっかり見て息《いき》むよ」先生と看護師さんたち（5～6人）の声に励まされ「次は必ず成功させるぞ」と自分に言い聞かせ、2度目のチャンスを待ちました。

今度は鏡を見て、呼吸を陣痛にピッタリ合わせることができたので、すんなりと、本当にうまくいきました。「Congratulations!」という声が、あちらこちらから聞こえてきました。午後7時31分、私は娘を無事出産しました。結局、私は分娩室に入ってからは2回息んだだけで、それほど痛みを感じることなく出産することができたのです。

夫は私の傍らで声がけしながら写真を撮っていたのですから、シャッター音が聞こえていたはずですが、私はそれどころではありませんでした。赤ちゃんの産声《うぶごえ》を聞いて、無事に生まれてきたことを認識すると同時に、大きな喜びで胸がいっぱいになりました。全身の力が抜けてしまいました。そして、さかんに泣き声をあげる我が子を、看護師さんが私の胸にのせて抱かせてくれました。その、赤ちゃんのぬくもりを直接私の肌で感じた「至福のひととき」は、一生私の脳裏から消えることはないでしょう。

その後に看護師さんの一人が赤ちゃんの体重を教えてくれましたが、ここはアメリカなので、体重はpound（ポンド）が使われていました。私は即座に言いました。

「I don't know about pounds. Please tell me in Kilograms.（私はポンドがわからないのでキログラムで言ってください）」

娘は、6ポンド7オンス（2920グラム）でした。

最近（2023年8月末）、テレビで放送された「無痛分娩（painless child birth）」の特集を見ました。日本では、年々麻酔を使った無痛分娩の数が増えているということです。出産時の痛みが軽減され、産後の体力も温存できる、というのがその理由のようですが、一方で、無痛分娩の希望に応じてきた関西有数の医療機関である大阪大学医学部付属病院が、現在（2023年2月から）、その対応を休止しているということも知りました。その背景には、麻酔科医の人手不足があり、病院側がこだわり続けてきた〝安全〟のために休止せざるを得なかったということです。無痛分娩では、まれに合併症（complications）で妊婦が亡くなるケースも起こっているということです。体験者として私に言わせてもらえば、麻酔を使わない、心理的な無痛分娩であるラマーズ法が、もっと積極的に見直されてもいいのではないかとも思います。

話を戻します。

私の退院は出産の5日後でしたが、娘は黄疸症状がでていたため、もう1晩延泊しました。次の日に迎えに行き、真新しい産着に包まれた我が子を抱いてルーズベルト病院の玄関口で夫と3人の記念写真を撮り、病院を後にしました。帰宅後、夫は何度も出産時の写真を見せ、テープレコーダで録音したその時の産声や歓声を聞かせてくれました。

出産の翌日には、夫が日本の三木家と私の実家に、私が無事出産したことを報告していたようですが、退院後すぐに私からも両家に電話して、出産の報告をしました。もちろん、父母たちは大変喜んでくれました。

夫の実家である三木家については、子供が誕生したのは93年ぶりとのことでした。夫は三木家10代目になりますが、先代と先々代夫婦には子供が授からず、〝子供に縁が薄い家系〟と思われていたので、親戚からも大きな祝福を受けたようでした。電話口からも、その喜びが手に取るように伝わってきました。

父母たちはきっと、すぐにでも孫の顔を見たいと思っていたことでしょうが、日本から遠く離れたニューヨークでは、それは叶いません。両家の父母たちと孫との初対面は、翌年3月の私たちの帰国後、5月の連休に出雲に帰省した際に実現しました。

前に述べたように、アメリカでは出産した病院が出生届を提出するので、子供の名前を出産前に決めておく必要がありました。そのために、私たち夫婦はああでもないこうでもないと、いろいろ話し合いました。私は言いました。

「子供には財産を残すより、心を込めた名前を残したい。たとえ一文字でも良いので、私たちの名前を入れて命名し、一生大切に使ってほしい！」

その考えに沿って結論を出しました。男女それぞれの名前を決めていましたが、生まれたのが女の子だったので、子供の名前は「博美」になりました。

「博美」の「博」の字は、夫の名前の「博幸」からとったのですが、夫は「何にでも興味を持ち、賢く育ってほしい」という願いを込めたといいます。そして「美」については、「内面や所作の美しい女性」に育ってほしいとの思いから私が選びました。

両親から我が子への最初のプレゼントでもある「博美」という名前に込められた意味も、その響きも、私には心地よく、愛情のこもった名前として今でも誇りに思っています。

自宅に戻った日、生後5日目の「博美」の両足裏に、夫が墨を塗り、A4サイズの白い紙に押し付けて、可愛い「足型」を作りました。それは、金縁の額縁におさめ、40年経過した今でもわが家の家宝のひとつとして、娘の部屋（2階8畳洋間）の壁に当時のまま掲げてあります。

育児については、帰宅したその日から、3時間おきの授乳、おむつ替えなど、私にとって日課のすべてが我が子のためのものとなりました。夫は、会社から帰宅するとすぐにベビーベッド（英語では「クリブ＝crib」といいます）のところへ行き、天井を見ている娘をあやすようになりました。渡航する前はとても想像できなかったその光景に、頼もしさ

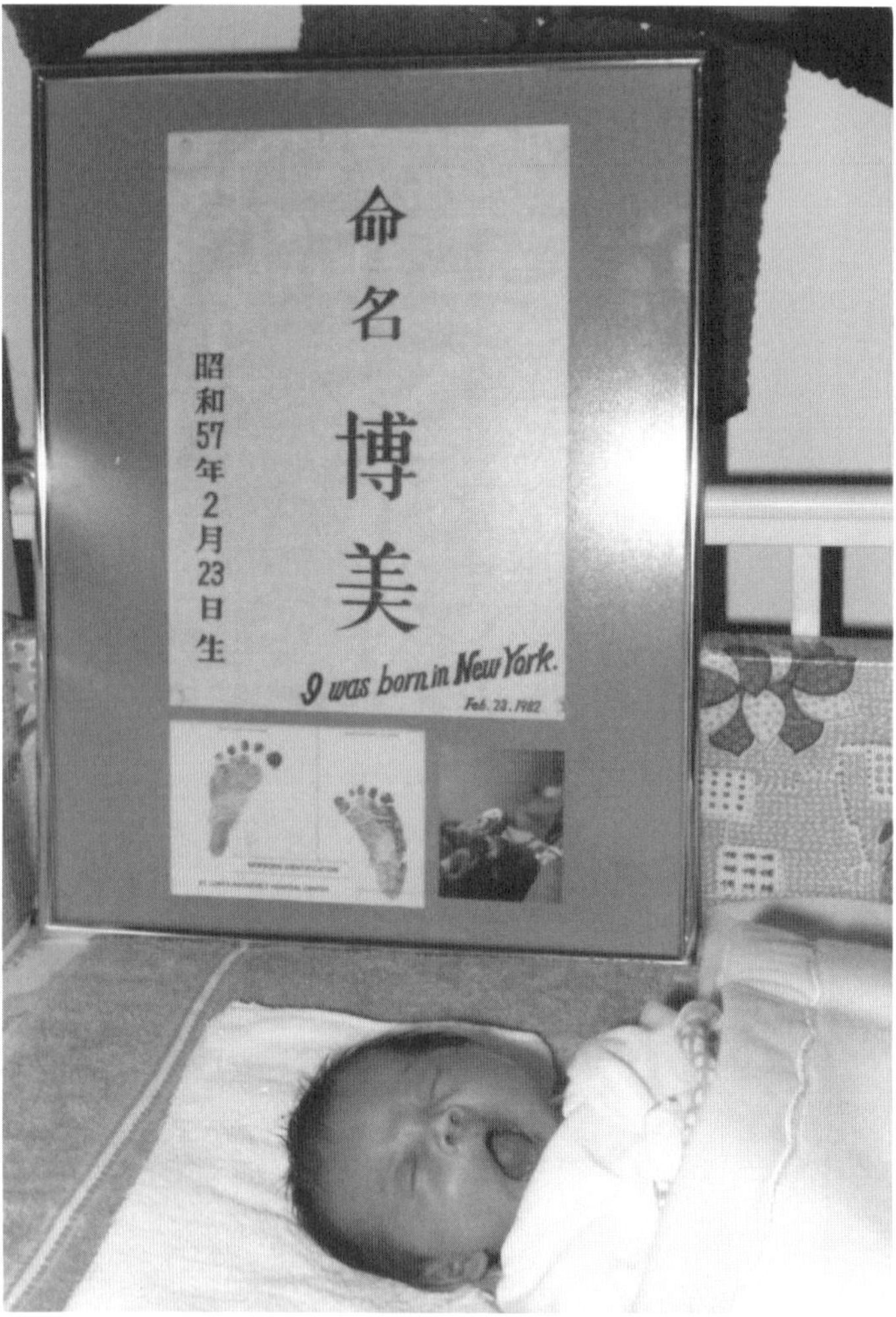

生後５日目の愛娘、博美。命名の金額縁と足型の前で。

を感じました。そして、ニューヨークに来て子宝に恵まれ、本当に良かったと思うようになりました。

娘は日米の二重国籍を取得

娘はアメリカで生まれましたから、アメリカの市民権を取得したことになり、アメリカ人としてのパスポートも作りました。これは合衆国憲法に定められている権利です。その一方で、日本人の両親から生まれましたから、日本国総領事館に出生届を出せば当然、日本の国籍もあります。つまり、娘は生まれると同時に日本とアメリカの二重国籍を取得したのです。

このことが私に、英語をうまく話せるようになり、コミュニケーションが自然に取れるようになりたい、という意欲を掻き立てるきっかけになったように思います。娘にとって、英語はアメリカ人としての母国語になります。彼女の母親である私が、英語が話せなくてどうする、という自らを責めるような思いも私の頭から離れなくなりました。そして、娘が成長した時、もし私が英語で自由に話すことができたら、「ママ、すごいね！　かっこいい！（Mom, you're incredible and cool!）」と言ってもらえるのでは、ぜひそんな言葉

を聞きたい、と強く思うようになりました。

7月、夫から思いがけないことを告げられました。夫のニューヨーク駐在は2年間ということで、この年末には日本に帰国する予定でしたが、事務所の移転など会社の都合から4カ月間延長されることになったというのです。年末には娘は生後10カ月になりますが、まだ歩けず、食事も大人と同じ物は食べられないので手がかかるうえに、帰国する際の荷造りや書類作成で一苦労《ひとくろう》（hard work）することになるはずでしたから、帰国の延期はまことに好都合でした。夫も、滞在の延長は歓迎のようでした。結局、娘は満1歳の誕生日をニューヨークで迎えることになりました。

第3章　育児の日々、そして帰国

テキストに従ってハイハイの矯正

私が初めて経験する子育てが始まった時には、不安もありましたし、日本で出産したら力になってくれたはずの実家の母もニューヨークにはいませんから、難しさもありました。でも実際に体験してみると、子育ての苦労は楽しさに変わることも実感できました。

夜泣きもそのひとつでした。

「おなかがすいているのかなぁー？　おっしこかなぁー？　まさか病気じゃないだろうなぁー？」

育児書によると、夜泣きは幼児期の成長過程ではごく一般的なことであるということなので、ひと安心しました。クリブ（ベビーベッド）の中で泣いている姿勢のまま、そおーっと抱き上げるとすぐに泣きやみますが、またそおーっとクリブに寝かせると泣きだします。これは「スキンシップが大切である」というサインを出しているように思われ、赤ちゃんの身体の中にも、高度なセンサーが備わっていることに気づきました。

生後6カ月ぐらいになると、少しずつハイハイができるようになりました。それは、お世辞にも上手にできているとは言えませんでした。左足のひざだけを曲げて、右足は伸びたまま、身体が一方に傾いていましたが、本人は一生懸命ハイハイで前進していました。

これでは身体の発達の点で良くないのではないかと、しばらく思い悩みましたが、ふとある教えにたどり着きました。それは、「ラマーズ法教室」に参加した際にもらった、日本人講師手作りのテキスト（印刷物）の中にありました。

〈①子供をうつ伏せにし、親はその足元に座ります。
②両手で子供の（右の）足首を持ち、まっすぐお腹の下へ入れるようにします。その時は、おのずとひざが正しく曲がるように親はもう一方の手で補助します。「イチ」で子供の脚をお腹の下に入れ「ニ」で真っすぐ引き戻し正しい位置に戻します。
③片方（右脚）が上手にできたら、もう一方（左脚）も同じようにリズム良く正しい位置に注意して出し入れをします。
④最後に両足首を同時に持ち、交互に動かします。その時「イチ」「ニ」と声を出してリズミカルに行うことが大切です。この行為は、親子の共同作業として、生後数カ月の子供も理解をしてくれていると思います。親は根気よく子供の本能に訴えて、きれいで正しい「ハイハイ」の仕方を教えれば、必ず成功することがわかりました〉
そのテキストの教えに従って根気よく実行していたら、娘の動きは間もなく改善されて、美しく高速のハイハイができるようになりました。その姿を見た時、思わずニッコリする

自分がいました。私自身、すぐアクションを起こして対処矯正したのが功を奏し（be successful)、とっても嬉しかったのです。そして、頑張ってくれた娘がいとおしくなり「上手になったよ！　良かったね！」と言って、強く抱きしめました。

娘もきっと嬉しかったのでしょう、それからは得意顔をして家の中を、まるで列車のようにすいすいと縦横無尽に動き回るようになりました。

緊急事態発生！　ハイハイ娘が行方不明

ところがある日、緊急事態が発生しました。なんと、娘が姿を消してしまったのです。

私は青ざめ、大声で娘の名前を呼びながら、家の中を隅から隅まで探し回りましたが、見つかりません。

「ひろみちゃ～ん！　ひろみちゃ～ん！」

家中に鍵がかけられていて、バルコニーにも出られないはずなのに、見つからない。

おかしい⁇

あまりの不安から、だんだん悪い方へ考えが変わってゆき、心臓の鼓動が激しくなりました。バスタブや、２カ所あるトイレでは便器の中までものぞいて見たりしたのに、それ

でも発見できないのです。重くて開けられるはずのない高さ2メートルもあるクローゼットのドアを開け、中をくまなくチェックしたりしましたが、結局徒労に終わりました。

それでも、私は相変わらず娘の名前を叫びながら、部屋の中を行ったり来たり。後で考えれば、きっと30分もたっていなかったと思うのですが、その間はまるで地獄の責め苦のようでした。

「ひろみちゃ～ん！　ひろみちゃ～ん！」

可愛い可愛い、目の中に入れても痛くない娘。結婚7年目、待ちに待ってやっと自分の腕に抱くことができた娘なのに……。

放心したままベッドルームに入ったら、なんと、その娘がベッドの下から顔を出して私を見上げているではありませんか。

「え～ッ、こんな所にいたの？　あ～ッ、見つかって良かった！」

すぐに娘を抱き上げ、頬ずりをしながら、嬉しさの余り家の中をぐるぐる歩き回りました。

「ベッドの下で何していたの？　かくれんぼ？　それとも探検？　暗くて怖くなかった？」

私の矢継ぎ早の質問に、もちろんまだ言葉など話せない娘は、文字通り「キョトン」としていました。

このベッドルームは20畳くらいの広さがあり、クイーンサイズ、猫脚付きのベッドを2台置き、ベッドには上からフリルの付いたピンクのベッドカバーをかけていました。そのベッドカバーの下端は、床から5センチくらいしかありませんでしたが、ベッドカバーのフリルの奥は、ベッドマットの底板と床との間が30センチほどの空間になっていたことから、やっとハイハイができるようになった娘にとっては、ほどよい目線の位置にあり、興味深い場所だったのでしょう。頭を入れたら身体ごと入る大きなスペースがあったので、彼女の探検心に火が付いたかもしれません。

この事件の後もお気に入りの場所として、ひとりで〝探検ごっこ〟をしていました。そんな時、私が名前を呼ぶと、ひょいっとベッドの下から出した娘の顔、そして仕草がとても可愛らしかったので、記念に写真を撮りました。

最初はハラハラ、ドキドキ、後にはスマイルになった育児エピソードとして、40年たった今でも、昨日の出来事のように鮮明に覚えています。

子供は遊びと共に成長していく

生後6カ月頃から、娘には日本語のほかに簡単な英語で話しかけるようにしました。良

いことのサインは、「オーケイ（OK）」や「グッド（good）」。悪いことのサインには、「ノウ（no）」や「ストップ（stop）」、「ドント（don't）」。ソファーや椅子に座る時は、「シットダウン（sit down）」。その他、「ジャンプ（jump）」、「アップ（up）」、「ダウン（down）」、「オフ（off）」などです。

ハイハイが速くなり目が離せないなか、生後9カ月頃になるとソファーの座面の部分に両手を置き、足を踏ん張って立ち上がり、そのまま横に2〜3メートル、スライドするように伝い歩きができるようにもなりました。

私が用事で子供を見ていられない時は、プレイペン（playpen＝ベビーサークル）に入れ、その中でひとり遊びができるように、好きなおもちゃも入れておきました。子育てを1人だけでするのは、多くの危険が伴います。私はトイレや台所に立つ時、また、電話対応の時でさえ、常に安全を考えてプレイペンの中に子供を入れていました。子供からは、いつも母親の姿が見えるし、私も子供の行動が分かるので、お互いがウイン・ウインで、随分助けられました。

子供の成長は、常に遊びと共にあります。娘も様々な遊びの中で、私たちにその成長ぶりを見せてくれました。

リビングで、「トイザらス（Toys"R"Us）」で買った木馬（車輪が前後に2個ずつ付いた乗り物）にまたがり、両足でけりながら動き回るのも、娘の得意な遊びになりました。また、日本に帰国される知り合いから室内用のブランコとすべり台（swing and slide）をいただいたので、広いリビングの中央に置きました。特にブランコ（swing）がお気に入りで、私が大きく揺らすと「キャッキャ！　キャッキャ！」と声を出して喜び、そのうちに疲れてきて、ブランコに乗ったまま眠るようになりました。そんな時、私はそっと抱き上げてクリブに置き、お昼寝させました。

娘と外出する時のために日本のアップリカ製のストローラ（stroller）を買いました。日本ではベビーカーと呼ばれているものですが、関税がかかっているので、ニューヨークでは高額でした。それでも、片手で操作ができる（方向転換もスムーズ）うえに、乗り心地もよく、娘のお気に入りでした。そのストローラのハンドルに、おもちゃのガラガラ（マラカス風のおもちゃ）を付けておきました。娘はガラガラを右手に持ち、ガラガラがうまく音を立てるよう横方向に振ることができるようにもなりました。ただし、これには訓練が必要でした。右手にガラガラを持たせると、すぐに左手に持ち替えてしまいます。その都度、根気よく右手に持ち替えさせることを続けて、やっと右利きの習慣が身に付きました。右利きの人は「a right-handed person」と呼ばれます。

娘は、近くの公園でも、すべり台やブランコに乗るのが大好きでした。この公園で初めて子供用のブランコを見ましたが、日本のそれとはまったく違った形状で、まるで子供用の安全椅子がそのままブランコに取り付けられているようでした。子供を危険（落下）から守ろうとする配慮がはっきり読み取れ、「すごい！　さすがだなあ」と感じました。

前述の「室内用ブランコ」は日本に帰国する知り合いの人からのプレゼントで、娘の公園デビューの後でした。そのブランコの椅子の形状は、公園のそれと全く同じでシートベルトが付いており、徹底的な安全管理に脱帽しました。という訳で、安心してブランコに1人で乗せることができました。

その公園には、体長10センチほどの小さなリス（squirrel）が住み着いており、芝生の中をピョンピョン走ったり、木登りをしたりする姿はとても可愛らしく、娘も興味津々のようでした。

私の方も、キャレェジハウスや近くに住む日本人のお母さんたちとお付き合いする中で、娘を連れてお宅を訪問することが楽しみになりました。そこは、歳上の幼児たちと娘との交流の場でもありました。

夏には、マンション付設の50メートルプールに連れて行きました。生後5カ月でしたが、プールデビューのために近くのモールの衣料品店で買った可愛い紫色の水着を着せました。今までこんな光景を想像していなかったので、私もワクワクしました。娘にとって初めて

ベッドカバーの下から
ハイハイで出てきて、
こんにちは！

安全椅子付き
のブランコが
お気に入り。

の水浴びになりましたが、水を恐れることもなく、嬉しそうでした。

夏とはいえ、日本の青森県とほぼ同じ緯度に位置しているニューヨークでは、屋外のプールの水は冷たくて、プールサイドでくつろぐ家族づれの居住者たちは、泳ぐことよりサンチェアに座って日光浴をすることが目的のようでした。それでも、老若男女を問わず、皆の顔には笑みがこぼれ、話も弾んでいました。娘を抱いてプールサイドにいると、

「Are you Japanese? She is adorable. How old is she?（日本人ですか？　可愛いね、何歳ですか？）」

と声をかけられました。その英語が聞き取れたので、私は英語で返事をしました。

「Yes, I am. / Thank you. / She is 5 months old.」

簡単な日常会話でしたが、コミュニケーションがとれたことは、嬉しい記憶として残っています。

英会話力アップに取り組んでみた

私は、夫の駐在期間が延長されたことを良い機会ととらえて、子育ての合間に英会話の実力を上げたいと思いました。

そして、そのひとつの手段として、日本から持ち込んでいた「タイム英会話学校」のテキストを読み直すことにしました。単語や文章を声に出して何回も読み、覚えるように努めました。テキストの内容のほとんどが、この地で実際に体験できるものでしたから、有効な勉強法だと思ったのです。

その他に、夫が独身時代にアメリカ出張の際に使っていたというポケットサイズの「旅行英会話」の本を借りて、時間がある時に目を通すようにしました。初心者にとっては中身がけっこう充実していて、自分からアクションを起こすときの文は参考になりました。私が使えそうな文は紙に書き写し、それを音読して（read aloud）覚えるようにしました。つまり、自分の声を自分の耳で聞くということは、その文が正しいかどうかを確認する作業なのです。頭に定着するのが早く、自信をもって使うことができるようになります。

実際、これらの勉強によって身につけた英語で、マンションの玄関口にいるガードマンと交わす会話の時間も、かつての数秒間から、長い時には数分間に変わっていきました。買い物に行っても、店員と会話を交わしながら自分の買いたいものが選べるようになり、簡単な交渉ごともできるようになりました。

テレビも、英語の習得にはかなり役に立ちました。ニューヨークに来た当初は、週末の夜に2時間だけ放送される日本語放送の番組（松本零士原作のアニメ『銀河鉄道999』

や日本語のニュースなど）を楽しみに見ていた程度でしたが、しだいに英語に慣れてくると、それなりに英語放送の番組の内容が理解できるようになりました。

現地のローカルニュースなども、はじめは画像からだけの情報理解で、音声にはついていけませんでしたが、英語に耳が慣れてくると、語句が聞こえただけで、映像とのつながりが想像できるようになりました。特にコマーシャルは、理解できるようになるまでにそれほど時間がかかりませんでした。女性や子供が出演している化粧品や食品、おもちゃなどのＣＭでは、やさしい英語が使われていましたから。

その中でも、ショー番組のＭＣ（司会者＝master of ceremonies）が、コマーシャルが入る前に言う、短い決まり文句には感心しました。「I'll be back soon.」と言いながら、両手を頭の上の方で大きく振っている司会者の立ち姿がテレビ画面の中央から次第に小さくなり消えていく（zoom out）のです。とてもクールで粋なはからい（stylish arrangement）に思えました。後に私が英会話講師になって、この決まり文句・常とう句（cliché＝クリシェイ）を教えた時の生徒の驚きと目の輝きを忘れることはありません。思い出してみると日本では、アメリカのやり方とは正反対で「それではコマーシャルです」と司会者が言うと、すぐ画面が変わってコマーシャルが始まるのが当たり前でした。どうひいき目に見てもクール（cool＝かっこいい）とは言えず、ある意味で私はカルチャーシヨック（Culture Shock）を受けました。

人との出会いで会話を学んでいく

私にとって、なんといっても英会話の一番の勉強法は、旅行先で旅行者や現地の人と交わす会話でした。生きた英会話が学べるチャンスは、人との出会いにありました。現地の人たちが使った単語や英文をメモして、それを忘れないよう、自然に口から出るように復唱しました。

身近な生活活動空間であるニューヨークでは、マンハッタン周辺の散策時、ブロードウェイ、5番街、自由の女神、エンパイアステートビルディング、クライスラービルディング、グランドセントラル駅、国連本部、メトロポリタン美術館、セントラルパークなどで、やさしい会話を学びました。英会話学校のテキストや「旅行英会話」の本で学んだ文を、実際の会話に活かしていったのです。

・「Please give me a Tourist guidebook.（観光案内書をください）」
・「Please tell me the sightseeing spots.（観光箇所を教えてください）」
・「Is there anyone who can speak Japanese?（日本語を話せる人はいますか?・）」

・「Please tell me the way to ～.（すみませんが～へ行く道を教えてください）」
・「Could you tell me the best sightseeing route to take?（どんな順序で回るのが一番良いですか？）」
・「Would you mind pressing this shutter for me?（すみませんがカメラのシャッターを押してください）」
・「Would you mind posing with me?（私と一緒に写真に写ってもらえませんか？）」
・「May I take pictures here?（ここで写真を撮ってもいいですか？）」
・「How long does it take to go to ～ from here on foot ?（ここから～まで歩いてどのくらいかかりますか？）」
・「Where is the R building?（Rビルはどこですか？）」
・「Please tell me the way to the station.（駅へはどう行けばよろしいですか？）」
・「May I leave my baggage there?（そこに荷物を置いておいてもいいですか？）」
・「Where are you going?（どちらへ行かれますか？）」
・「I am very happy to have met you.（お会いできてとても幸せです）」
・「Would you like to eat dinner together?（一緒に夕食いかがですか？）」
・「If you have a chance to come to Japan, please contact me.（もし日本に来られる機会

があれば、ご連絡ください)」
・タクシーの運転手に、書いたメモを見せて、「Could you please take me to this place?(この場所へ行ってください)」
・「Please show me how to fill in this form.(この書類の書き方を教えてください)」
・「Is there bus service to the city center?(市内に行くバスはありますか?)」
さらに、ニューヨーク近郊へのドライブ旅行も会話力を養ういい機会でした。
アトランティックシティ(Atlantic City)での観劇の際。
・「I want a seat in the first row.(最前列の席を希望します)」
ロードアイランド州プロビデンス(Providence)港では散策後、シーフード(ロブスター、オイスター)の昼食を楽しみました。
・「What is the specialty of this restaurant?(ここの自慢の料理は何ですか?)」
・「It was very delicious.(とてもおいしかったです)」
また、フロリダ州、ルイジアナ州など南部への遠出ドライブ旅行に出たときも楽しい会話ができました。フロリダ州デイトナビーチ(Daytona Beach)では海岸の水際を散策しながら、手のひらに置いたクッキーを、空で舞う数羽のカモメが次々と降下して来てついばんでいった時にそこにいた観光客と。そして、ディズニーワールドリゾート(Walt

カモメたちの歓迎を受けたフロリダのデイトナビーチ。

フロリダ州ディズニーワールドのレストランにて。

Disney World Resort）での観光時。また、ロケットランチャーが立ち並ぶ広大なケネディ宇宙センター（John F. Kennedy Space Center）を見学した際の来場者やスタッフと。それぞれの機会での会話も印象深いものでした。

・「I really enjoyed meeting you. We had a great time, didn't we.（お会いして本当に楽しかったです。とてもすばらしい時間を過ごせましたね）」

・「Come to Japan some time, I'm sure you'll have a good time.（いつか日本に来てくださいね。きっと楽しく過ごせますよ）」

・「We enjoyed meeting you and hope to see you again.（あなたにお会いして楽しかった。またお会いしたいです）」

家族3人での旅行、思い出の数々

夫によると、ニューヨーク駐在期間が当初の2年間から4カ月延長されたことで、仕事の上でもずいぶんメリットがあったそうです。几帳面な夫は、それを次の5項目にまとめてくれました。

①論文の作成時間にゆとりができたこと。

②海外技術研修の成果で、帰国後の「開発業務」への適応力の向上ができたこと。
③技術駐在員としての「業務完了報告書」をまとめるための時間ができたこと。
④現地の研究機関や会社、及びその関係者に対しての引き継ぎ機会と時間ができたこと。
⑤プライベートなこととして、帰国後、自宅を新築するための構想を練る時間ができたこと（これについては後述します）。

私たち家族としても、ニューヨーク滞在期間が延長されたことによって、さらに多くの貴重な体験をすることができました。そしてそれらは〝筆舌に尽くしがたいほどの〟（beyond description）学びと喜びを、私の人生にプラスしてくれたのでした（後述するメキシコ旅行がそのひとつです）。このことについては、本当に感謝しています。

娘が生まれてからは、家族3人でアメリカ国内を旅行するようになりました。彼女が生後4カ月を過ぎた頃、7月4日のアメリカ独立記念日（American Independence Day）には、夫が運転する車でワシントンDCまで観光に行きました。500キロメートルほどの道のりでしたが、久々にドライブを楽しむことができました。

当日は盛大な花火が打ち上げられ、いろいろな場所で見られるのですが、花火の最高の眺めはナショナル・モール（National Mall）からのものです。芝生のある広い公園の中心にそびえるワシントン記念塔や、その南側にあるリンカーン記念館、ジェファーソン記念館などの有名な建物のそばでも花火を見られるので、私たちはリンカーン記念館の近くの広場で見ることにしました。娘が花火の爆音に驚いて大きな泣き声を上げたので、私は必死にタオルで彼女の両耳をふさいだのですが、泣きやまず、小走りですぐ近くのホテルに戻りました。

娘が6カ月の頃、ナイヤガラの滝（Niagara Falls）に車で出かけ、そこからカナダ側にも足を延ばして、サウザンズ諸島（Thousand Islands＝数千の島々）を観光する遊覧船に乗りました。オンタリオ湖からセントローレンス川にかけて、１０００以上の小さな島があり、それぞれに家が建ち、船着き場があり、小舟が係留されていました。私は、水草のように浮かぶ島々の景観の美しさに加え、優雅に自然との調和を楽しんでいるような生活に感動しました。ただ、果たして自分がここに住むとなったらどうだろうか、それはまた別だろうとも思いました。説明によれば、小さな島については無人島もかなりあり、そこには電気・水道が引かれておらず、自分の定住地（my permanent home）にするには不向きなのではないだろうか、と感じたのです。

ちなみに、サラダのドレッシングとして有名な「サウザンアイランド」の名前は、細かく刻んだ野菜やピクルスがドレッシングの中で、まるでこの島々のように見えるということから命名されたのだそうです。

娘が10カ月の時、正月休暇を利用してメキシコへも旅行しました。ニューヨークからクスコへ飛行機で行き、そこからはＪＴＢの「メキシコ周遊バスの旅」でした。クスコからアカプルコ、ティオティワカンを7日間で回るのです。

標高２０００メートルを超えるメキシコシティでは、私は軽い高山病になったようで、体調が悪くなり、最後の観光は参加せず、早めにホテルに入り休みました。夫も気分が悪いとは言っていましたが、私ほどではありませんでした。娘も、食べた離乳食を一度、吐き出したので心配しましたが、水やミルクを少しずつ飲ませて水分補給をしっかりしたので大事には至らず、ほっとしました。メキシコ旅行では、衛生面で大きな心配があり、レストランでは水やジュースは飲まない、サラダは食べないなどの注意があったので、娘の食事はニューヨークで瓶詰めの離乳食やミルクなどを大量に買い込み、大きなスーツケースをベビーフード専用にして詰め込んできたのです。

旅行の最後に訪れた世界遺産のひとつティオティワカン（Teotihuacan）が、後述する私の英語教室で使ったテキストに取り上げられていました。私は、自分の目で見た光景を生徒たちに説明しました。

「みんなも英会話を勉強して、海外旅行をしようね。テキストの中の少年のように、ティオティワカンに行き、ピラミッドに登って下界を見ようね。車も機械もない時代に人の手

標高2000メートルを超えるメキシコシティにて。

壮大な世界遺産ティオティワカン。

で作られていることに驚くよ！（It's amazing!）」

その時の生徒のキラキラした目を、忘れられません。

今では、世界中のピラミッドの中で人間が直接頂上まで登れるのは、ここ、メキシコのティオティワカンのピラミッドだけだということです。そのことを聞いた時、ピラミッドの頂上から見た下界の景色や、当時の人々の厚い信仰心が数多くのピラミッドを造らせたことなど、旅行の際に聞いた説明がフラッシュバック（flash back＝急に思い出す）しました。

サンフランシスコ・ハワイ経由、日本へ帰国

１９８３年４月１日、ニューヨークのラガーディア空港（国内線）から、１歳２カ月になった娘と家族３人で帰国の途につきました。途中、長い海外勤務の慰労を兼ねて、ラスベガス、グランドキャニオン、ロサンゼルスのディズニーランドなどを観光した後、サンフランシスコに向かいました。市内観光を済ませて、空港で今度は国際線に乗り替え、成田を経て大阪伊丹空港に着きました。途中ハワイに３日滞在したので、結局ニューヨークを飛び立ってから伊丹空港着まで９日間の旅になりました。

途中で立ち寄ったところは皆、私にとっては初めての訪問地だったので、興味深く、たくさんの感動をもらいました。

特に印象深かったのは、ロサンゼルス（Los Angeles）でした。ロサンゼルスではディズニーランドの敷地内にあるホテルに泊まりました。ホテルの目の前にはモノレールの駅があり、それに乗って、行きたいアトラクションの前で下車します。最初は、1歳になったばかりの娘が喜びそうな「イッツ・ア・スモールワールド」、次に蒸気船「マークトウェイン号」に乗りました。その次は、当時カリフォルニアのディズニーランドにしかなかったアトラクション「サブマリン・ボヤージュ」でした。乗船した潜水艦は、まるで深い海底を潜水し、探検しているような錯覚を起こさせました。それまでに体験したことのないすごい臨場感があり、その窓から見える美しい海中、海底の情景には大きな感動を覚えました。

サンフランシスコ（San Francisco）では、最初に、フィシャーマンズ・ワーフ（Fisherman's Wharf）にある「ワックスミュージアム」（蠟人形館）へ行きました。そこには世界一身長の高い人の蠟人形、その隣に世界一身長の低い人の蠟人形が並べて展示されていました。同様に、世界一ウエストの細い女性、世界一体重の重い男性、その隣には、世界一体重が軽い赤ちゃん、世界一爪の長い人、さらに世界一髪の長い人、等々、様々な蠟人形が陳列されていました。驚きと興奮の余り、思わず「えーっ！　本当？　信じられない！」という言葉が、口から飛び出してしまいました。

正確を期すためか、それぞれの蠟人形には国名や年齢、性別、数値などがこと細かに記されたプレートが付けられていました。こうした両極端の人を比較するのに、蠟人形という手段で表現し、訪問者に視覚で訴えるこのミュージアムのアイディアには脱帽しました。

その後、フィッシャーマンズ・ワーフの素敵な水上レストランで、夕食をとることにしました。長さ10メートルほどの桟橋を歩いてレストランに入った時、最初に目に入ったのは、広々とした店内であり、床に敷きつめられた赤じゅうたんでした。テーブルには、白いクロスがかけられており、清潔感のある落ち着いた雰囲気をかもしだしていました。

案内されたテーブルに座り、船員風の制服を着たウエイターに、私は覚えた英語で尋ねました。

「What kind of dish do you recommend?（レストランのおすすめの料理は何ですか？）」

「It is here.（こちらです）」

ウエイターがメニューを指さしてくれたので、その料理のメインは肉か魚かを聞き、夫と同じ魚料理を注文しました。

ここまではとてもスムーズにいって、気分は良かったのですが、料理で一番大事な味付けと食感は自分たちの舌の判断に委ねることとなります。残念ながら、この時の料理は私たちの口には合わず、半分以上残すという結果になってしまいました。

ハワイ（Hawaii）では、ワイキキ海岸に面して林立する豪華なホテルのひとつ、ハイアットホテル（Hyatt Hotel）に宿泊しました。眼下のヤシの木々の間からダイヤモンドヘッドまで続く美しい砂浜には感動し、チェックイン早々、その砂浜を波打ち際まで3人で散歩しながら、太平洋の新鮮な空気を思い切り吸い込み、全身に夕陽を浴びました。

まだ歩けない娘を砂の上に1人で座らせ、写真に収めることにしました。娘は両手を前後に動かし、嬉しそうに砂の感触を楽しんでいるようでしたが、次の瞬間、右手に握った砂をすばやく、そのまま口の中に入れたのです。これにはあわてました。砂を吐き出させようと、口の中にハンカチを入れて拭き取ろうとしましたが、うまくいきません。言葉が理解できない娘に苦労しましたが、大事には至らずホッとしました。手に触れたものは何でも口にしてしまう、子供の思いもよらぬ行動には驚きもしましたが、そんな仕草も可愛かったし、これも我が子の成長過程のひとつと思えば、頼もしくも感じたものでした。

各地で想い出の品やみやげ物も買い込みました。これは○○さんへ、こっちは○○さんへなどと、2年半ぶりに会うことになる日本の親戚や友人の笑顔を想像しながら、おみやげを吟味するのも旅の楽しさでした。

帰国後の大仕事は自宅の新築

帰国後は、ひとまず渡米前に住んでいた狭山遊園前のマンションに落ち着きましたが、実は私たち夫婦には、急いでやらなければならない大仕事が待っていました。

私たちはニューヨーク赴任の数カ月ほど前に、大阪府企業局が売り出した泉北ニュータウンの宅地分譲の抽選に当選して、土地を購入していたのです。泉北ニュータウンは堺市から和泉市の境界線まで広がる、将来の計画人口が18万人にもなるという大規模な開発で、私たちが当選した土地は競争率30倍という狭き門でした。結婚5年目で夫は34歳、私は30歳、当時のわが家の家計では、非常に大きな買い物ですが、30分の1という幸運を手放したくはありませんでした。取りあえず手持ちのお金で土地が買えることが判明したので、清水の舞台から飛び降りる思いで、購入しました。

ただしこの幸運には、付帯条件がありました。それは、購入後2年以内に自宅の建築に取り掛からねばならないということであり、それができない場合には企業局が土地を買い戻すという条件だったのです。

幸いなことに、この付帯条件には1回のみの「特別措置」というものがあり、「延期願い」

の書類を提出して認められれば、自宅建築は1年間の延期が可能でした。私たちは、ニューヨーク赴任の話が内定していたため、我が家を建てる準備のための時間が十分にないということで、「延期願い」が通るであろうことは予測できました。そのことが、土地を買う決断を後押ししてくれ、私たちは最寄りの電車の駅から一番近い便利な場所にある90坪の土地を手に入れたのです。

こうして、「戸建て住宅を建てる！　それが新しい我が家になる！」という将来設計を心に描きながら、安心してニューヨークに赴任することができました。後日、アメリカから提出した「延期願い」は正式に認められ、私たちは帰国後に自宅の建築に取り掛かることになったのです。また、ニューヨーク赴任中は夫の給与が大幅に増えた上に、住居費、光熱費、医療費、車の費用などが会社持ちだったため、日本にいたのではとても考えられないほどの額を貯金することもできました。

帰国してすぐに、住宅建築会社と契約を結びました。新居は90坪の宅地に、延べ床面積50坪の総2階建てで、ニューヨークから帰国して半年後の1983年9月に着工しました。設計は住宅メーカーの標準仕様のものをベースにしながらも、私たちの希望を採り入れた特注仕様になったため、建築期間と費用は当初の予定をかなり超過しましたが、ほぼ自己資金で完成することができました。家屋本体の完成引き渡しは1983年12月25日で、当日新居に移りました。門柱や庭、および家屋周りの塀などの外構工事は入居後、断続的に時間をかけながら施工しました。そのため、すべてが完成したのは翌年の2月末でした。

Intermission　私たち夫婦の家づくり

次章からは、新しい家での生活について述べていきますが、ここでちょっと休憩（intermission）を入れて、私たち夫婦が考えて実践した家づくりについて少し書いておきたいと思います。快適な住環境は、「生きがい」を追求していく上でとても大切な要素のひとつと言われています。40年も前のことですが、私たちが家づくりの過程で得た体験は、読者の皆様にも参考にしていただけるのではないかと思いますので、お付き合いいただければ幸いです。

■キャレェジハウスの住み心地の良さを取り入れる

実は、私と夫は宅地分譲に当選する前から、いつかは戸建て住宅を建てて、将来増えるであろう家族と共に住みたいという夢を持っていたので、いくつかの住宅展示場を見学していました。そういう蓄積があったので、ニューヨークへ行く前には、ある大手住宅メーカーのモデルハウスに的を絞っていたのです。そして帰国直後から、そのメーカーの営業担当者と私たち夫婦の3人で、具体的な打ち合わせを始めました。

住宅の細かな仕様については、3者で相談しながら、窓の配置、床の仕様、コンセントの位置、クロス壁紙の模様と配色、扉の金具などを決めました。特に、私の意向を多く取り入れてもらったのは、台所、ふろ場、洗面室、洗濯機置き場、トイレなどの細部の仕様でした。

そして全体としては、ニューヨーク時代のキャレェジハウスで味わった住み心地の良さにできるだけ近い仕上がりをめざしました。たとえば和室の窓は、高さ2メートルの掃き出しの大窓にして、そこから庭に出られるようにしました。今でも時々窓を開け、夫は庭側から腰掛け、私は畳の上に座り、庭を見ながらお茶をしています。

全体的には、次のように仕様を変更しました。一般的に戸建て住宅では、2階の窓は1階の窓に比べてかなり小さく、半分ぐらいの高さしかありません。しかし、我が家では光を十分に取り入れて床に正座しても外が見えるようにしたいという私の希望で、5部屋ある2階全部の窓を、1階と同じ高さ2メートルの大きい窓に変更しました。そのお陰で、どの部屋も明るく開放感があり、満足しています。それに加えて、1階と2階全室の窓ガラスをすべて2重のペアガラスにしたので、防音と断熱効果が抜群で、年中快適に過ごしています。

キッチンの調理台は、料理を作りながらリビングにいる娘や夫と話ができるように、対面型のカウンタータイプにしました。キッチンのシンクには生ごみ処理ができるディスポーザー（disposer）も付けたかったのですが、これは断念せざるを得ませんでした。夫が大阪の日本橋の道具屋街で探したところ、なんと価格が35万円だというのです。当時、日本ではほとんど普及していなかったため、輸入製品しかなかったのです。

ただ、オーブンは奮発しました。アメリカと同じようにビルトイン（Built-in）にしたので、別注の高額なものになりましたが、娘が小さい頃は、ケーキ（cake）、パン（bread）、シュークリーム（cream puff）などの手作りで大活躍してくれました。

余談になりますが、前述した通りカタカナ英語（Japanized English）は、本来の英語の意味と違うことが多々あるので要注意です。ちなみに、「シュークリーム」といえば、英語では「靴クリーム＝shoe cream」のことです。

もうひとつ代表的な例を挙げてみましょう。日本語で「スマート」といえば「体が細い、やせている」といった意味として使われますが、英語では「スマート（smart）」の意味は「賢い」です。「体が細い、やせている」というのは、「slim」「skinny」「slender」です。

英会話講師になってから、このことを小学1・2年生の生徒に耳学問として教えたら、目を丸くしていました。私は生徒たちに言いました。「家に帰ったらお母さんに、『You are smart.』って言ってみてね。ただし説明は後でね。お母さんはきっと大喜びだよ」と。ちなみに携帯電話のことを「スマートフォン」といいますが、英語では「mobile phone」または「cell phone」です。

■芝生庭園、花壇と菜園をつくる

家屋内部以外の外構工事では、夫が活躍してくれました。それは、ゴルフカップを埋め込んだ芝生庭園造り、そして、レンガ造りのバーベキュー炉の構築、レンガで仕切った花壇と菜園の構築といったことでした。

おかげで、娘が幼稚園や小学校に通っていた頃は、娘の友だちやその家族もお呼びして、バーベキュー炉を囲んでの賑やかなパーティを頻繁に楽しむことができました。

芝生庭園でのパターゴルフの方は、私と夫でほんのお遊びとして時々競い合っていました。実際のゴルフ場のグリーンほどの草丈の短い芝生ではないため、我が家のパターコースはプロでも厳しい難コースです。

夫の自作であるレンガ造りのバーベキュー炉。

芝生庭園と菜園。これも夫の自作。

40年たった現在の庭は、芝のグリーンと四季折々の草花の自然な色合いを楽しめるものになっています。ゴルフカップの隣には3坪ほどの家庭菜園があります。夫はネギ、ホウレンソウ、シュンギク、ミニトマト、キュウリ、ダイコンなど、小物野菜作りにも励んでいます。特にダイコンについては、食べるのはもちろんですが、畑に数本残し、春になると白いダイコンの花を観賞しています。花が咲くと、そこには毎日蝶が飛んで来て、私たちの目を楽しませてくれています。最近は、夫の手作りの四角いテーブル（90センチ角、高さ75センチ）にカラフルなパラソルを立て、そこでコーヒーを飲んだり、食事をしたり、時にはお客様をおもてなしすることもあり、思いのほか喜んでもらっています。

最近、特に嬉しいことがありました。我が家の庭にたくさんのチューリップが咲き乱れ、私たちの目を楽しませてくれる春爛漫《はるらんまん》の頃、私の友だちが愛犬のモモ君を連れて遊びに来てくれました。モモ君は芝生が気に入ったのか、飛んだり跳ねたり、全速力で走ったり家の回りを冒険したりと、大喜びでした。人なつっこい犬で、すぐにお友だちになりました。

このように、今では庭でゲストと至福の時をシェアしています。

第4章　英語を学び直す

なかなか晴れない心のモヤモヤ

ニューヨークから日本に帰ってしばらくは、家の新築の準備や幼い娘の世話で忙しい日々を過ごしていました。その間何度か、ふっと我に返るような瞬間がありました。それは自然に耳に入る日本語を意識した時で、「私は今、日本にいるんだ」という思いが強くなりました。テレビから聞こえてくるのは、100パーセント理解できる言葉なのです。母国語（mother tongue）というものが、どれほど耳に心地好いものかを実感しました。生活全体が、ゆったりとした安心感に包まれているようにも思えました。ただ一方で、帰国のしばらく前から取り組んでいた英会話力アップの成果が、だんだん自分の中から失われていくことに残念な気持ちもありました。

新居に引っ越してからは、家の中を整えること、そして新たな環境での子育てをスタートさせることに没頭しました。しかしそれが一段落すると、新しい生活に馴染んできたのとは裏腹に、何となくモヤモヤしたものが私の心に広がり始めました。何が原因なのかはわからないのですが、満たされない思いがしてなりませんでした。

その頃、夫は仕事で多忙を極めるようになっていました。夫が携わる機械製品の開発と

いう仕事は、毎日定時に終えられるような性格のものでないことは理解しているつもりでしたが、ほとんど毎日が深夜の帰宅となり、我が家はまるで〝母子家庭〟のような状態になっていたのです。

さらに、娘が4歳になって幼稚園に入ると、私は1人だけの時間を持て余し気味だったこともあり、誘われるままに宛名書きやネイルアートといった内職を経験することになりました。

今から40年近くも前のことです。その頃は、多くの会社がDM（ダイレクトメール）で、個人宛てに宣伝目的の印刷物を送っていました。そのDMの封筒の宛名書きを、ママ友に誘われて始めたのです。始めるにあたって、「きれいな文字」が書けるかどうかのテストがありました。すぐにOKが出たので、宛名書きの仕事を自宅で開始しました。多い時で100枚の封筒と名簿を渡されて、期限までに書き終えるという約束でした。しかし、得られる収入は微々たるもので、時間の無駄遣いだと思い、2～3カ月ほどでやめました。

そのママ友の子供と娘は同じクラスで仲が良く、娘は幼稚園の放課後に「一緒に遊ぼう」と誘われ、よく彼女の家に遊びに行ったりしていました。そのうちママ友から、「ネイルアートの仕事も始めたので、紹介するからやらない？」と言われ、断り切れず、一日研修に出掛けました。

「ネイルアート」では、人工爪の上にマニキュアを塗ってから光るビーズや石などを接着剤で付けたり、他の色のマニキュアを使って絵を描いたりするのです。私にとっては、あまり面白いものではありませんでした。作業をしていると「心、ここに在らず」といった状態に陥ったので、1週間後に断りました。

内職をいくつか経験すると、それはそれで日々の時間の消化はできるかもしれないけれど、私がやりたいことではない（I don't want to kill time. They aren't what I want to do.）、心の中のモヤモヤが晴れない上に充実感も得られない、ということがよくわかりました。そして、何か目標を持って、もっと時間を有意義に使えるようなことをしたい（I don't want to waste time. = 時間を無駄にしたくない）、という思いがさらに強くなってきました。

それとともに、だんだん自分の中のモヤモヤを生み出していたものの正体が掴めてきたような気がしました。その正体は、ニューヨークでの生活で辛酸をなめることになった「私の英語」だったのです。私に十分な英語力さえあれば、あの2年余りの生活が5倍も10倍も楽しく充実したものになっていたに違いない、という悔恨が、新しい生活環境の中に身を置く中で、じわじわと蘇ってきたのです。加えて、帰国前に取り組んでいた英会話の実力アップも、〝元の木阿弥〟になってしまっていたのですから。

娘が英語になじめる環境をつくりたい

私は、もう一度英語を学び直したい、と強く思うようになりました。それは、日々成長していく娘への思いでもありました。ニューヨークで生まれた娘は、アメリカ国籍を取得している（She has American citizenship.）ので、アメリカ人としてのパスポートを現地で作りました。将来、アメリカで生活する機会もあるかもしれません。その時に、私のように英語で苦労することなどあってほしくないと願うことは、母親としてごく自然な感情だったと思います。

もともと私は、英語が嫌いではありませんでした。中学校から大学まで学生時代を通して、人並み以上には努力してきた、という自負もありました。でも、そんな私の受けた当時の英語教育では、英会話で一番大事なリスニング力もほとんど身につかなかったし、アメリカで普通に生活していくレベルにはかなり遠いことがわかりました。

本来、言語というのは子育ての過程で、親が子供との意思疎通のために、表情や仕草を交えながらやさしい言葉を伝え、子供が徐々にそれを吸収することで身についていく、といわれています。ただし、それは母国語の場合で、人間がある程度成長してから他国語を習得するためには、「語学」として、文法から学ぶのが良いとされてきたようです。

まさに、私の習った当時の日本の学校の英語教育は、文法を基にした学習法でした。でも、そうした教育では、他国で生活していくための言葉はなかなか身につかないということを、私の経験から体得しました（I learned from my experience.）。

そのため私は、娘がごく自然に英語になじんでいけるような環境をつくりたい、と常々《つねづね》思っていました。人が言葉を習得する時は、「聞く→話す→読む→書く（listen → speak → read → write）」の順に身に付けるといわれています。子供が成長する過程では、まず主に親の声かけによって耳に入る単語を理解し、それを使って話すようになります。そして、小学校に入学すれば教科書を読んで理解します。宿題やテストがあれば、考えていることをノートや答案用紙に書くことで成長していくのです。私は、そうした過程をできるだけ自然な形で娘に与えたいと考えていました。

そして、ある「偶然の出会い」がきっかけで、それが始まることになったのです。

幼児教室が教えてくれたこと

我が家から自転車で3分ほどのところにある駅前のショッピングモールの3階で、「楽

しい幼児教室！　みんな集合！」が開講することを、新聞の折込み広告で知りました。娘が3歳1カ月の時です。早速、参加することにしました。この教室は月1回で、1年間続きました。

教室では、最初の頃は「あいうえおの歌」を教えてもらいました。散歩する時には、必ず娘と2人で「あいうえおの歌」を歌いました。繰り返し歌うことで娘はすぐに覚え、鼻歌まじりに口ずさんでいました。これで、娘は「あいうえお」について「聞く→話す」(listen → speak) を習得したことになります。

私は、国語用のノートを買ってきて、四角いマスの上の方に「あいうえお」のお手本を書き、娘にはその下のマスの中に真似して書くように言いました。娘はまるで水を得た魚のように嬉しそうに書いて、私に見せてくれました。そのたびに「すごいね！　上手だね！」とほめました。

という訳で、娘が3歳11カ月になった時には、「あいうえお」についての「聞く→話す→読む→書く」がスムーズにできるようになっていました。私は心の中で叫びました。「これだ！　この方法がベストだ！（This is it! This is the best way!）」

満面の笑みを浮かべている娘の表情から、それを再認識しました。

1年間の「楽しい幼児教室」も10回を終了し、残すところ2回になった時、先生が「今日は英語教室です。『ABCの歌』をみんなで歌いましょうね！」と言われました。その言葉は私を驚かせました。幼児教室は、就学前の幼児に基本的な日本語を楽しく教えるためのものだと思っていたからです。それが十分に果たされただけでも感謝しているのに、英語の基本である「ABCの歌」や、身近な動物の英語を教えてもらったのです。これは子供たちの心をつかんだようで、皆の目は輝いて、一斉に復唱していました。

とっても嬉しい光景でした。わずか2回でしたが、娘は「英語教室」も楽しんだようです。ニューヨーク生まれの娘には、英語を好きになってほしいと日頃から思っていましたが、そのチャンスが突然目の前に降って湧いてきたと思いました。

最終回に、希望者へのグッズ販売がありました。その中身は、英語のカセット数本と、英単語のカード（カルタ式で遊びながら覚えられるもの）、数冊の教材（目で見て楽しい絵本、使い方を書いた本など）をひとまとめにしたものでした。こうしたものを探していた時にたまたまタイミング良く紹介されたので、「渡りに船（timely offer）」だと思ってすぐ購入しました。

ラジオ番組でシャドウイング開始

4歳になった娘は、2年保育の私立幼稚園へ入園しました。幼児教室で購入した英語教材を毎日楽しみながら、娘は英語になじんでいきました。

今度は、私の番です。娘が幼稚園から帰るまでの自由時間を使って、英語の学び直しを始めようと決心しました。そして、かねてから考えていたことを実行に移しました。

まず本屋さんで、NHKラジオの『基礎英語3』『英会話入門』のテキストを買いました。これらの番組を、耳で聞く英語のメイン教材にしてシャドウイング（shadowing→英語を聞きながらそれを真似して発音する通訳訓練方法。つまり、聞こえてくる英文のすぐ後を影〈shadow〉のように追いかけるのがポイントです）をしながら文章を覚えていくことが、私にピッタリな学習法だと考えたのです。

いま振り返ってみると、この時の私は、カタカナ英語の「ブラッシュアップ」（磨きをかける。完成度を上げる）ではなくて、英語の「brush up」（以前習得したものの、忘れかけている知識や技術を「取り戻す」「勉強し直す」）をするべきだ、と判断していたのだと思います。

放送を録音するためのラジオカセットを2台購入し、1台はリビング兼キッチン用、もう1台は洗面・洗濯室用として設置しました（ラジオカセットは、後に英会話教室を始めた時に3台目を購入し、それを教室にした8畳の和室にも設置しました）。

私が聞こうと考えていたラジオ番組は、『基礎英語3』が中学3年生レベル、『英会話入門』が高校生レベルですので、内容的にはそれほど難しくなく、とにかく英語に耳を慣れさせることが大切だと思って、2つとも聞くことにしました。2つの番組は月曜日から金曜日まで、朝と夜に1日2回放送されていました。土曜日には、1週間分がまとめて再放送されました。私は家事をこなしながら、番組を聞きつつ録音もして、それを繰り返し聞きシャドウイングをしました。

「英会話教室」に通い始める

ラジオ番組から始まった英語への再挑戦ですが、日本語が飛び交う環境での英会話習得は一筋縄ではいかないだろう、と覚悟はしていました。それゆえに私は、次のように自分自身を納得させました。「継続は力なり（Practice makes perfect.）」で、その進歩が牛の歩みだろうが亀の歩みだろうが、1歩ずつ進んでいることは間違いない、と。

ある時、ご近所のIさんと話していたら、生協（コープ）で「英会話教室」が開講されているということを教えていただきました。これが、私の「生の英会話」（real English）への思いに火をつけることになったのです。

コープの「英会話教室」に参加するには、生協の会員であることが条件でしたので、まず2000円で会員登録をしました。教室は、毎週1回、1時間、数人でのグループレッスンで、授業料は1カ月3000円。先生はインド出身、そこで大学教授をされていたという女性でした。私は毎週木曜日、娘を幼稚園に送った後、自転車で会場へ向かいました。

英会話教室といっても、内容は〝英語版の井戸端会議〟のような感じでしたが、結構楽しいものでした。ある時、参加者の1人が、次のように発言しました。「私は英語が好きで大学の英文科に入学しましたが、卒業してかなりたったので、だいぶ忘れました。特に英会話はあまりしたことがありません」と。私の隣席に座っていた彼女は少し沈黙し、小声で「自信がないってどう言うの？」と私に問いかけたので、「I have no confidence.」と教えてあげました。言い終えた彼女は、ニッコリして「ありがとう」と言ってくれました。私も心が「ほっこり」（warm up）しました。

先生の質問に答える形で、私が台所用品について発言したことを覚えています。

「近くのスーパーマーケットで、台所で使うステンレス製の『ザル』を買いました。1個ではなく、大、中、小の3個が1組として売られていたので3個をセット買いしました。3個も不要だと思っていましたが、使ってみるととても便利で3個同時に使うこともあります」

その時、先生は、「ザル」は英語で「strainer」といいますが「茶こし」も「strainer」といいます。厳密にいえばザルは「strainer basket」で、茶こしは「tea strainer」です、と説明されました。大根などの「おろし器」は「grater」だとも教えてもらいました。

私はかなり熱心な生徒だった、といえると思います。英会話教室は、私の日頃の英語への取り組みの成果を試す場でもあったのです。

この教室は、途中で先生がアメリカ出身の女性に替わったりしましたが、3年後、先生の都合で突然閉鎖ということになってしまいました。私は英会話を続けたいという気持ちがどんどん強くなっている時期でしたので、適当な教室を探しました。すると、この教室のメンバーの1人から、地域の自治会館でも英会話教室が開催されていることを教えられ、幸いそこに移ることができました。

そこの先生は、日本人の夫を持つEさんという若いイギリス人女性でした。こちらも毎週1回、1時間、7~8人でのグループレッスンでした。テキストはなく、ひとりずつ順番に自分が知っている単語を並べ、私的なことから時事ニュース（topic）まで何でも発言することができるという、日常英会話教室でした。私は、前のコープ教室の延長として、楽しく通うことができました。

この教室でもいろいろな人と知り合いましたが、その中の1人、Izさんから、「私は学習塾で英語を教えるホームティーチャーをしているの」という話を聞きました。私は、英会話を習いながら英語を教えている、ということに驚きました。でも当時の私は、彼女のようなホームティーチャーになりたい、というような希望は持っていませんでした。私にとっては、「英会話」ができるようになることが目標でした。Izさんが教えている塾も、当時の学校で教えられている、読み書きを中心にした「英語教育」で良い点数を取り、レベルの高い高校への進学をサポートする、というのがコンセプト（concept＝概念）でした。

私は、赤ちゃんが言葉を覚えていくように、主として母親から聞いた言葉を真似しながらしゃべれるようになるという、自然な形の語学学習を理想と考えていたので、まずは私自身の会話力のレベルアップに集中していました。それに、当時は娘がまだ小学校低学年でしたので、子育てが私の最優先事項だったのです。

残念ながら、この教室も3年間通ったところで、先生の都合で閉鎖されました。

英検2級に挑戦する

ラジオの英語番組で学び始め、英会話教室にも通う日々を数年続けていくうちに、私は英語力にそれなりの自信が持てるようになりました。そこで、英語能力の判定基準となる「実用英語技能検定」（通称「英検」）を受験することにしました。英検は、文部省から認定を受けて日本英語検定協会が試験を実施しており、5級から1級までありました。

私は、人生で初めての英検受験は、2級からと決めました（当時は、準2級はありませんでした）。英検2級は高校卒業程度のレベルで、必要とされる語彙数は5000語といわれていました。私は、大学の英語は一般教養として学びましたし、ここ数年間の英語学習の蓄積もあります。それに英検受験を決めてからは試験に向けての勉強もかなりしたので、受かる自信はそれなりにありました。ただ、英検を受けるのは人生で初めての経験ですから、試験会場でナーバス（nervous＝緊張している）になってしまい、実力を発揮できない可能性もあります。それが少し不安でした。

そんな頃、ママ友のYさんと話していたら、彼女が英検の準1級を目指しているということを打ち明けてくれたのです。私もすでに2級の受験を決めていたので、これは偶然の一致でした。Ｙさんは、いろいろなことに興味をもっていてアクティブな生き方をされている、魅力的な女性です。私はそんな彼女の話に大いに刺激を受け、英語に関することを積極的に話すようになりました。後述するように、それから数年後には同じ英会話教室に一緒に通うようにもなりました。

私は、１９９０年6月の英検試験を申し込むことにしました。会場は市内の大阪商業大学堺高等学校で、試験の時間割を見ると、午前中に３級、午後に2級の試験が行われることがわかりました。つまり、早めに会場へ行けば、３級と２級の〝ダブル受験〟が可能なのです。急遽、２つとも受験してみようと思い立ちました。

３級の問題集などは持っていませんが、３級は中学卒業程度のレベルで、必要語彙数は２０００語ほどだそうですから、合格のハードルはそれほど高くないと思いました。本命の２級受験のための予行演習、度胸付けと考えて臨んだのです。もちろん、英検受験のためには、過去問題集（過去に出題された問題をまとめた本）を勉強することは必須です。「英検２級合格対策」という問題集で、自己採点を繰り返しました。

試験の１カ月後、はがきで合否通知が来ました。結果は、３級の方は予想通りほとんど満点で合格でしたが、肝心の２級の方は不合格でした。受験の翌日、公表された解答を見ながら自己採点したときは、何とか合格圏内に入ったと思っていたのですが、結果を見ると、正解だと思っていた1問が不正解になっていました。残念ながら、その1問による2点の減点が不合格という結果につながったようでした。当時の私にとって、設問もそんなに難しいとは思わなかったので、少しショックでした。

猛勉強で再挑戦し、合格

しかし、たった一度の不合格で落ち込んでいるわけにはいきません。早速、翌年の試験に挑戦することにしました。

2点差の不合格とはいっても、次回で確実に合格するためには、幅広い勉強による実力の底上げが必要だと痛感しました。これまで以上に勉強することを決意して、「過去問題集」をさらに買い求め、数多く問題をこなすことにしました。とにかく、過去問に取り組むときには必ず合格レベルの得点を確保する、ということを目標にしました。

また、英検2級では、当時の大学受験にはなかったリスニングの試験があったので、過去問のＣＤを何度も聞いて学習しました。

受験勉強に取り組むときによくいわれる言葉に、「Practice makes perfect.（継続は力なり）」というのがあります。私も、これが合格につながることを信じて励みました。そうしているうちに、はるか昔の大学受験時に覚えた語彙や文法などの記憶が呼び戻されてきたのです。これは驚きであり、嬉しいことでした。いま振り返ってみると、そういう意味では、2級受験もさほど大変ではなかったのかもしれません。余談になりますが、最近では「努力は（人を）裏切らない」というフレーズがよく使われるようになりましたが、英訳すると「Your efforts will not betray you.」になります。後に私が英会話講師になった時に、生徒を励ますのによく使いました。

1991年9月、私にとって2度目の「英検2級試験」が、市内のプール学院大学で行われました。校門まで夫に車で送ってもらい、無事に終えることができました。翌日、公表された解答をもとに自己採点した結果、私自身の写し間違いさえなければ合格したことを確認できました。

1カ月後、合格通知が郵送されてきて、一安心ということになりました。ことわざ（proverb）にあるように「備えあれば憂いなし」「転ばぬ先の杖（Better safe than sorry.）」を実感しました。自分の努力が結実したことを心から喜ぶことができました。

でも、人間の欲はつきないものだと思います。近い将来に、次なる目標「英検準1級」に挑戦することを、私はひそかに決意していました。

第5章　英会話講師になる

それは、娘の「お願い」が発端だった

私は、１９９６年４月に英語・英会話教室を開講し、英会話講師になりました。そもそも、英会話講師になることを考えたのは、時の流れが偶然、私をそちらの方向に誘導してくれた結果としかいいようがありません。でもそれは、娘と私の関係の中から生まれた必然的な結果であることも、間違いない事実でした。

ニューヨークから帰国後、私が英語を学び直そうと決心した理由は、ほとんど唯一、娘の存在にありました。アメリカ国籍を持つ彼女が成長していく過程において、流ちょうな英語を話す私がいたとしたら、「ママ、すごいね！　かっこいいよ！」という言葉が彼女の口から聞けるだろうし、母親として娘に尊敬される存在であれたら嬉しいな、という思いからでした。はっきり言うと、娘が幼い頃は、私にとって彼女以外の人からの前向きな評価は全く必要なかったのであり、期待もしていなかった、というのがより実感に近いかもしれません。何はともあれ、私は自分の英会話のスキルを上げることで頭が一杯でした。

そんな私に、ある日、小学２年生だった娘が言いました。

「黒板や机や椅子があって、先生が勉強を教えてくれる学校みたいなところがあるらしい

の。私もそこで勉強してみたい」

私は、突然の娘の要求に驚きました。どうやら、近所に住んでいる小学2年生の〝仲良し3人娘〟の間で話題になっている「学校みたいなところ」というのは、その2人のお友だちのお兄さんたちが通っている塾のことのようでした。「耳学問」した色々なことを私に話してくれる娘でしたが、塾はまだ早いと思ってその時は聞き流しました。

当時の私の娘に対する教育方針は、次のようなものでした。

小学校低学年では、将来何らかの形で役に立つように色々な運動を体験することが重要であるから、まずは「運動の分野での選択の間口を広げる期間」にする、小学校高学年になったら学習塾へも行って、勉強に力を注ぐ「学問の分野での選択の間口を広げる期間」にしたい、ということです。

そうはいっても、娘の口からはことあるごとに塾の話が出て、消えることはありませんでした。そこで、取りあえず「入塾テスト」だけは受けさせることにしました。我が家から2駅離れたところにある有名な進学塾で、入塾テストでも不合格があると聞きました。テストの結果、先生から「合格です。ぜひ入塾してください。特別進学クラスは定員制15人で1クラスしかありません」と言われました。

受け入れ態勢は整ったのですが、私の方が二の足を踏んでいました。その理由は、2月

23日生まれという「早生まれ」の彼女は、やせていて体も小さく、体力的に塾通いが続けられるか心配だったからです。とはいっても、通わせるとしたら4月の入塾に合わせた方がスムーズに塾の環境や勉強に溶け込めるだろうと思い、本人と一緒に車で塾の玄関の前まで3回も行きました。でも、「やっぱり、学習塾へ通うのはまだ早いから、あと1年待つことにしようね！」と本人に告げて、入塾の手続きをせずに毎回そのまま帰宅しました。

3回目の3日後、思いもよらぬことが起こりました。娘が、学校から帰宅してすぐに私のところに来ました。食卓の椅子に座っている私の真正面に来て、床に正座をし、三つ指ついてこう言ったのです。

「お願いだから塾へ行かせてください、お願いします。私がこんなにお願いしているのにママは何で行かせてくれないの？ お願いします！ 行かせてください！」

彼女の目には涙があふれていました。それを手で拭きながら、頭を下げていました。まさに「青天の霹靂《へきれき》」、この光景は私に衝撃を与えました。

彼女は思いつきで言ったのではなく、心の底から「塾へ行って勉強がしたい！」と思っていたのでした。私はそれに気がつかず、まだ小学校2年生だから、まだ7歳だから（誕生日が2月23日のため）という理由にこだわり過ぎて、彼女の希望を拒否していた自分を反省しました。そして、娘がとっても愛《いと》おしくなりました。椅子から降りてまっすぐ彼女の真正面に行き、私も床に正座して言いました。

「わかった。本当に塾へ行きたいんだね。それなら、明日、申し込みに行こうね。でもひとつだけ約束してくれる？　一度塾へ入ったら、途中でやめることはナシだよ！　頑張れるよね？」

私が言うやいなや、娘がこう返事をしました。

「うん、わかった。絶対にやめない！　私、頑張るから！」

涙目の顔に、満面の笑みを浮かべていました。

娘との〝二人三脚〟が終わり、一念発起

娘は、小学3年生の4月に進学塾に入塾してからは、ここでも新しく〝3人娘〟と呼ばれる仲の良い友だちができたこともあって、1日も欠席せずに喜々として4年間の塾通いを全うし、私との約束を守ってくれました。成績も思った以上に順調に伸び、塾の先生の勧めで、当時、通学が可能な近畿地方で偏差値が最も高く、中高一貫教育を実施していた女子校、四天王寺中学校に入学することになりました。
四天王寺中学校は、大阪市天王寺区にあり、我が家からは、まず私鉄に乗り、次にＪＲ

に乗り換えて、片道1時間半かかるという遠距離通学になりました。したがって、娘の帰宅時間も近所の公立中学校（家から徒歩5分ほどです）へ通うのとは異なり、かなり遅くなったのです。

多忙な夫は会社一筋でしたから、私と娘とはそれまで、文字通り〝二人三脚〟で生活してきました。娘の存在が、私の人生を楽しく充実したものに変えてくれたと思い、「生まれて来てくれてありがとう」と、常に感謝をしていました。

その「目に入れても痛くない」存在である娘が、こんな形で親離れの時を迎えたのですから、私はいやでもこれからの自分の人生について考えねばなりませんでした。一日のうちで、娘のいない長い時間をどのように、何に使えば良いのか、いろいろと考えました。

そして、行き着いたところが「英会話講師への道」でした。その当時、すでに「英会話」の勉強を始めて8年近くたっており、英検2級にも合格していたことが、それを決めた大きな要素でした。

その上に私の中で、2年間のニューヨーク生活を経験したことを通して、日本の英語教育は間違っているのでは、という疑問がつのっていたことも理由のひとつです。何度も言うようですが、私には中学、高校、そして大学と英語を人一倍学び、それなりの成績を収めてきたという自負がありました。しかし、ニューヨークでは自分の「英会話力」の貧弱さを思い知らされました。「読むこと」と「書くこと」が中心の当時の日本の英語教育では、コミュニケーション力を育てることがむずかしいのを実感しました。

英語でコミュニケーションがとれることはどんなに楽しいか、どれほど人生を豊かにしてくれるか、それを日本の子供たちに味わってほしい、そのために私が果たせる役割は決して小さくはないのではないか、と思うようになったのです。

そのためには、私自身が英語を根底から学び直し、英会話力を強化していくことで、世界に羽ばたく若い人々への一助になれるよう、自分の人生の一端をささげられたら幸いだと強く思いました。そして一念発起、私は英会話講師への道を歩むことを決めたのです。

西暦788年に延暦寺を建立した天台宗の開祖、最澄《さいちょう》の教えに「一隅《いちぐう》を照らす」人になれ、というものがあります。「一人ひとりが自分のいる場所で、自らが光となり、周りを照らしていくことこそ、私たちの本来の役目であり、それが積み重なることで世の中が作られる」ということです。

また、最澄は、「一隅を照らす、これすなわち国宝なり」との教えも示しています。つまり、「家庭や職場など自分が置かれたその場所で、精一杯努力し、明るく光り輝くことのできる人こそ、何物にも代え難い貴い国の宝である」ということだそうです。

私はもっと知りたいと思って調べました。言葉の最初にある「一隅」とは、片すみという意味で、すなわちこの言葉は、「片すみの誰も注目しないような物事にちゃんと取り組む人こそ尊い人だ」という意味だとありました。これらの言葉を知っている多くの人は、「座右の銘」にして、自分の考えや行動を戒めたり、励ましたりする「教訓」「信念」としているといいます。

最澄の言葉は、私が英会話教室を開講することを決めて間もなく行われた研修（教室運営業務、管理業務、新規募集方法、教材を使っての教え方、イベントの企画など、教室を開講するにあたって取り組むべきことについての説明がありました）で、色々な参加者と話をしている時に初めて耳にしました。その時、偶然とはいえ私の思いに通じるところがあり、とても感動したことを覚えています。

中学生になった娘とどう関わるか

英会話講師になることを決めたといっても、ビジネスマン相手に英会話を教えようというのではありません。私は、日本の将来を背負う子供たちを対象とした英語の教室を自宅で開講する、という方法を選ぶことにしました。いわゆる「ホームティーチャー」です。

その大きな理由は、遠距離通学をしている娘が帰宅したときに、家にいることができるからです。特に冬などは、暗くなって帰宅しても家に灯りがともり、部屋が暖かくて、テーブルにおやつやジュースが用意されていれば嬉しいし、ほっとして遠距離通学の疲れも取れるのでは、という親心でした。正直なところ、娘を世間でいわれる「鍵っ子」にはしたくありませんでした。

四天王寺中学への入学当時から、私は、娘が気持ちよく学校に通うためなら、できることは何でもしようと思っていました。とはいっても、私の周囲には四天王寺中学の校内事情について何かを聞きたい時に、気軽に相談できるような相手は見つかりません。ですから私は、娘の入学後しばらくは仕事をせずに、私自身が学校行事にできるだけ積極的に参加することで、娘の学校生活に関わることや、四天王寺中学の教育方針などを、自分なりにきちんと把握しようと決めていました。

娘が1年生の時は、様々な学校行事（参観日・懇談会・運動会など）に参加しました。その間ことに嬉しかったのは、娘が一生心に残るような「名誉ある大役」を担えたことでした。１４００年の歴史を持つ「聖霊会《しょうりょうえ》」で「お稚児さん」役を無事に果たしたのです。「聖霊会」というのは、毎年4月22日、聖徳太子の命日に行われる「聖霊会舞楽大法要」のことで、法要と舞楽が一体となった、四天王寺の行事の中でも最も重要で大規模な法要です。国の「重要無形民俗文化財」の指定も受けています。

娘は、その法要の大行列の先頭を歩かれる「お上人《しょうにん》」（智恵と徳を兼ね備え、仏修行に励み、深大な慈悲心を備えている高僧の敬称）の、すぐ前を歩く2人のお稚児さんの1人に選ばれたのです。娘は、古代風の化粧をしてもらい、これも古代風の衣装を身にまとって参加しました。まことに名誉なことであり、母子ともども感謝感激のひとときでした。それから30年近く経過した今でも、時々2人の話題にのぼり、その当時の話に花が咲きます。色々な意味で、私の人生の青写真にはなかった「良いご縁」に恵まれたことを嬉しく思っています。こうした新しい体験をしながら、娘は屈託なく毎日嬉々として通学していたので、私も心から安堵しました。

その一方で、娘は中学1年生で初めて習う英語に、懸命に取り組んでいました。そしてしばらくすると、友だちのTさんに誘われて、学校からの帰宅途中の駅の近くにある「英語塾」に通い始めました。塾のレッスンは週1回でしたが、楽しそうに通っていました。

私はその英語塾を訪問したことがなく、先生にもお会いしたことがなかったので、時々娘に声をかけて、先生の教え方やレッスンの進行具合、教室の雰囲気などを聞いたりしました。ただ、私の方から娘に英語を教えるということは、ほとんどありませんでした。それは、私のポリシーに反するからです。

通説によれば、親が我が子を教えると、感情的になりやすく、良好だった関係も悪化の一途をたどる可能性が高いということです。親が教えると、たとえば「何度説明したらわかるのよ！」「こんな簡単なこと、なぜ覚えられないの！」などと頭ごなしに言ってしまい、子供の心を傷つける結果になりやすいそうです。もちろんこれは「通説」、つまり一般的にいわれていることなので、例外も少なからずあるとは思います。

ただ私の場合は、自分の方から教えるようなことは避けました。そのかわり、娘に時々「声かけ」をし、その後には、次のような言葉を付け加えるようにしました。

「もしわからないことがあれば、授業の後でも放課後でも、必ず先生に聞きなさいね。先生は生徒に教えるのが仕事なのだから、理解しやすいように説明を変えたり、例を出したりして、わかりやすく丁寧に教えてくれると思うよ。学校でも塾でも、先生と呼ばれる人はその道のプロだから、とにかく聞きに行くことが大切だよ。わからないことをそのままにしておくと、後で大変なことになるからね。ママも中学生の時、職員室へ行って直接先生に質問したことがあったよ。もちろん、ママに聞きたいことがあれば、いつでも聞いてくれていいのよ。ママがわかることは、教えてあげるからね」

私の「子供の教育」に関するポリシーは、ここに述べた通りです。

「ECCジュニア」に決めた

娘が中学2年生になった頃、学校生活も楽しそうに送っているし、成績もそれなりに上がっている、これなら来年には英語教室を始めてもいいのでは、と思うようになりました。そこで次にやるべきは、どこの会社の教室を開講するか、を決めることでした。

当時、英語や英会話の教室は、ECC、旺文社、公文、カワイ、ヤマハなど、数多くの企業が展開していました。私も、いくつかの企業から教室開設についてのパンフレットなどを取り寄せたり、直接電話をしたりしました。そして、その年の8月から9月にかけて面接・英語テストを受けました。前記の4つの会社のテストにはすべて合格しましたが、ヤマハは受験しませんでした。

4つの会社のうちカワイは全国で音楽教室を展開しており、そこに英会話教室が併設されています。講師は、その教室に出向いて行って教えることになります。カワイの担当者からは、「実は奈良県の方に空席があるので、来週からでも行ってほしい」という要請がありました。家から電車で片道2時間はかかります。娘を「鍵っ子」にしたくないために、自宅の1部屋を教室として提供する「英語・英会話教室」の英会話講師(ホームティーチャー）になるのですから、この申し出は丁重にお断りしました。

最終的には、当時通っていた英会話教室のメンバーで、他社のホームティーチャーをしていた知人が推薦してくれた「ＥＣＣジュニア英語・英会話教室」に決めました。その決め手になったのは、ＥＣＣは、その頃から英会話学校としてのブランド力が高く、会話教育に特に力を入れており、教育の質についても評価が高い、という点でした。

英会話教室の開講に関する様々なことは、私の判断だけで決めました。夫は、早朝出勤のうえ帰宅は夜中で、土日も出勤したりしており、じっくり話し合うような時間もなかったのです。したがって、娘の教育のことや私の仕事のことは、私の責任で決断・実行するしかありませんでした。夫にはほとんど事後報告でしたが、いつも気持ちよく了解してくれました。

ポスター、チラシ、無料体験

１９９５年11月に、ＥＣＣの本部との契約を済ませました。「ＥＣＣジュニア英語・英会話教室」を開講するにあたっては、本部から準備金として５万円が支給されたので、それでポスターや教室の看板、チラシをつくることにしました。12月に入って、本部からポスターやチラシが自宅に届いたので、ポスター掲示とチラシのポスティングを始めました。

ポスターは10枚ほどで、地元の小学校区内にあるアーケード商店街のお米屋さん、本屋さん、指圧マッサージ店などに頼んで、よく見えるところに貼らせてもらいました。手土産持参で挨拶に行って許可をいただき、その上で貼るようにしました。知り合いのお宅にもお願いして、家屋を囲むフェンスの外側に板看板を吊り下げた状態で貼らせていただきました。このことについて皆様、協力的で気持ち良く同意していただき、本当にありがたく思いました。この地域は戸建ての整然とした住宅街で、美化運動を推進しており、電柱にチラシを貼ることも禁止されていたので、かなり気を使いました。

そんな中で、道が交差する角にあるお宅では、「もう一方のフェンスにも貼ればポスターが2方向から見えて『ECC英語・英会話教室』がよりPRできるので、2枚貼ったらいいのでは？」とアドバイスしていただき、お言葉に甘えることにしました。これは大きな効果があり、本当にありがたいことでした。

チラシは2000枚で、教室を開講するにあたっての挨拶や募集対象、レッスンの内容、時間、教室の地図、そして無料体験の案内などを載せました。当時のことですから、チラシはカラーではなくA3のモノクロ印刷だったので、読む人に少しでもホッコリしてもらえるよう、講師の生の声を手書きし、四角や長丸で囲んだり、太文字にしたりして、目立つように工夫しました。チラシは、表側が見えるようにして半分に折り、小学校区内のマンションや戸建ての家のメールボックスに、自分で配りました。正月休みには、夫や娘もチラシ折りを手伝ってくれたので助かりました。

チラシは1カ月に2度ポスティングしたり、先行投資のつもりで新聞折込みもしたりして、できるだけやり方を変えながら、多くの人の目に留まるように工夫しました。

そのお陰か、無料体験に参加したいという電話が入るようになりました。「現在、ＥＣＣジュニアの他教室で習っていますが、三木先生の教室に替わりたいです。可能ですか？」というような電話もありました（これについては後述します）。

電話を受けた時点で、学年別の無料体験日を案内して、保護者の同席のもとで実施しました。体験日当日は、友だち連れや兄弟・姉妹での参加もありました。その都度、初心者のための「ＡＢＣの歌」や英語での挨拶など、本番と同じやり方で体験してもらいました。

「三木教室」は生徒13人でスタート

1996年4月、娘が中学3年生になりました。私の教室も、いよいよスタートです。

通常「ＥＣＣジュニア英語・英会話教室」は、幼稚園児から中学3年生までの生徒を受け入れて、クラス別に3～8人同時レッスンをすることになっていますが、私の「三木教室」は当面、生徒を小学生だけに限定しました。開講初年度の先生は、小学校低学年用と高学年用のテキストに沿って教える仕組みになっていたからです。仕事に慣れてから徐々にレッスン数を増やしていけば、スムーズに対応できるようになるという配慮もあると思います。ただし、初年度に小学6年生の生徒が入学すれば、当然2年目には中学1年用のテキストを教えることになります。

当時、小学校では英語教育が導入されていなかったので、初年度のクラスは全員、ABCから始めることになっていました。生徒は、小学1年生～3年生のPF（Primary Fundamental＝基礎）クラスが7人、小学4年生～6年生のPE（Primary Elementary＝初級）クラスが6人の、計13人でした。PFクラスは火曜日の午後4時30分～5時30分の1時間、PEクラスは木曜日の午後4時30分～5時30分の1時間をそれぞれ1レッスンとして実施することにしました。

「三木教室」では、自宅1階の8畳の和室を教室専用に充てました。教室には5人用の座卓を常設し、それ以上の人数になれば別の座卓を並べて置き、8人まで座れるようにしました。その他、白板、カラーマジック、磁石、カード、時計などの備品を手の届くところに配置しました。

ＥＣＣの4月からのレッスンは学校のカレンダーに準拠しており、始業式の頃にレッスンも始まります。春休みの早い時期に入学申し込みをしてもらうと、テキスト、カード類、カバン、生徒手帳、出席簿、月謝袋など、一式が本部から送られてきます。「三木教室」にも一式13人分が届きました。これらはレッスン初日に、テキスト、カード類とカバンは直接生徒に渡し、生徒手帳は講師がクラス名、名前、レッスンの時間、教室の所在地、電話番号などを書き込んで生徒に手渡すことになっていました。

4月9日火曜日、「三木教室」の初日です。ＰＦクラスの7人の生徒が、午後4時30分には教室に揃いました。生徒たちは皆、嬉しさと不安が入り混じった様子で、少し緊張した表情でした。私自身も緊張しつつ、生徒に机の上に置いた教材とカバンの前に座るように促しました。

生徒たちはテキストを手に取ると、中をパラパラとめくり始めました。彼らは、これから始まる、生まれて初めての英語の世界に興味津々のようで、やがて満面に笑みがあふれてくるのがよくわかりました。

講師1年生の私は、このレッスンのために、前もって十分に予習し、教える順番をしっかり覚えて当日を迎えました。初回のレッスンは、教材に従ってＰＦクラス、ＰＥクラスとも、挨拶の仕方と自己紹介の仕方を教えました。

ＥＣＣの教室では4月中に、本部で決められた年間のレッスン数を実施していくための1年間のスケジュール表を作って、生徒に渡します。そのスケジュールは、各教室における講師の裁量で、地域の学校のカレンダーに準拠して夏休み、冬休み、春休みを設定した上で、決めていきます。規定に従い、夏休みは2週間、冬休みも2週間、それに春休みも2週間くらいを設定しました。

これ以上は、ＥＣＣのマニュアルの一部（教え方の手の内）を明かすことになりかねないので、言及することを控えます。

「稼働日」を火水木にした理由

よちよち歩きのようにして始まった「三木教室」でしたが、その後、授業に関するトレーニング研修を受けたり、本部から様々な指示をもらったりして、だんだんと落ち着いて授業が行えるようになりました。スタート時の生徒数は小学生のみで13人でしたが、対象を幼稚園児から中学3年生まで広げたこともあり、年々増加していって、数年で30人規模になりました。

私は英語・英会話講師として仕事を始めるにあたり、ある決心をしていました。それは

「稼働日」についてです。というのも、「三木教室」の開講前に、こんな悲痛な訴えの電話があったからです。

「現在通っているところの先生は、レッスン日の変更が多く、困っています。それも代替日に行くと、その日もレッスンがなく、2度目の代替日の連絡が時々あります。基本的にレッスンは1週間に1度のはずが、結果として2度もあり、宿題も2倍になり、子供にも負担になります。その上に、カレンダーに代替日を記しても、それが変更になり、さらに変更になったりすると頭の中もこんがらがって、どれが正しい日かわからなくなったりして困っています。今回、三木先生が開講されるというチラシを見て、ぜひ、先生の教室に通わせたいのですが可能でしょうか？」

この電話が、私に「同じ轍《てつ》を踏まないように」という「警鐘を鳴らす（blow a whistle)」ことになりました。

私たち夫婦の実家は島根県にあり、親、きょうだいをはじめ親戚はほとんど、その近隣に住んでいるので、冠婚葬祭の際には帰省することになります。大阪の自宅からは、電車、地下鉄、新幹線を乗り継ぎ、岡山から特急電車に揺られること3時間でやっと「出雲市駅」に着きます。そこからバスやタクシーに乗り換えて目的地（夫の実家や私の実家）に着くという長旅で、合計8時間近くかかります。つまり、朝出発して夕方に到着することになります。

私は、以上のことを踏まえて、仕事の稼働日は、火曜日、水曜日、木曜日の連続3日間に決めました。冠婚葬祭は主に土曜日、日曜日に行われます（葬儀は除く）。たとえば、金曜日に田舎に帰省しておけば、土曜日の朝から式に出席できます。日曜日の午後から式があれば、それを済ませて出雲に宿泊して、翌日の月曜日の夜までに大阪に到着すれば、火曜日のレッスンには影響が出ないのです。

私が最大限に配慮したのは、「休講で生徒に迷惑をかけないこと」であり、それを第一に考えて、レッスン日を決めました。お陰様で、22年間の講師生活でレッスンを休んだのはわずか1日で、それは母の葬儀の時でした。

そしてレッスン日も、最初の年は火曜日と木曜日だけでしたが、2年目には生徒たちの進級によりクラス編成もテキストも変わり、小学1・2年生のグループ、小学3・4年生のグループ、小学5・6年生のグループ、そして中学1年生のグループという4つのグループ別にレッスンをすることになりました。のちに中学生については、中学1年生、2年生、3年生と学年別に3グループのレッスンを実施することになります。特に、中学生の場合、学校でのクラブ活動に配慮して、レッスン開始時間を繰り下げました。

もっとも、そうすると午後4時30分から午後9時30分ぐらいまではレッスンで埋まってしまいます。我が家の家事の方は、毎晩レッスンが終了して、生徒が提出した宿題を点検した後、夜中1時頃までかけて明日の朝、昼、夜の食事のメニューを考え、すぐに食べられるように料理をしておきました。

我ながらよく頑張ったと思います。そんな私を毎日見ていた娘は、後にこんなことを言ってくれました。

「努力家の母を、すごいな～と思っていました。私はその間、ゆっくり本を読んだりして、自分の時間として過ごすことができたので、母が忙しくしてくれていて、ありがたかったです」

教室運営もだんだんと効率的に

教室の運営についても、1年、また1年と経験を重ねるごとに、効率的に行えるようになりました。たとえば、生徒募集のために、どうしたら魅力的なパンフレットを作れるか、出来上がったパンフレットをどう効果的にポスティングするか、授業の無料体験を実施したらそれをどう入学につなげていくか、といったことがわかってきたので、この仕事がどんどん面白くなってきたのです。

実際の授業では、新しい教材をどう活用して教えていくか、また年間スケジュールとして行う様々な行事にどう取り組んでいったらいいか、あるいは成績表の付け方、保護者懇談会のやり方、月謝の徴収方法といったことまで、本部のスタッフのきめ細かな指導を受けながら身につけていったのです。そうした意味でも、本部スタッフとのコミュニケーションを充実させることは重要でした。

「英語・英会話教室」を開講した年には、スタッフが来宅して、「授業参観」が実施されました。マニュアル通り遂行されているか、改善点はないか、など色々と採点されて、アドバイスを受けました。その時はさすがに緊張しましたが、ほめてもらって合格点をいただき、とても嬉しかったことを覚えています。「これからも頑張ろう！」と誓いました。

ＥＣＣ教室の運営方法は統一されており、マニュアルに従って全国どこの教室でも同じやり方で、同じ指示語を使って授業をしています。その大きな理由は、親の転勤などで引っ越した時でも、継続して近くのＥＣＣ教室に通うことができるからです。そして、やがては、生徒たちの才能が開花することを願っている、とのことでした。

「三木教室」でも、小学生の女の子が親の転勤で青森県に引っ越す、ということがありました。母親から、本人がＥＣＣジュニアは楽しいから続けたいとの希望がある、ということを知らされたので、ＥＣＣの統一運営のことについて丁寧に説明しました。

「三木教室」でのハロウィンパーティ。

「三木教室」の自宅看板。

彼女の最後のレッスン日に、母親から「転宅先のすぐ近くにＥＣＣジュニアがあることがわかり、早速手続きをしました。ＥＣＣのカバンや教材もそのまま使える上に、先生の教え方まで同じなので、何の心配もなく継続できると、本人もすごく楽しみにしています」という話を聞きました。私自身もとても嬉しく、講師冥利に尽きると思ったことを今でも鮮明に覚えています。そして、過去を振り返ってみれば、本部スタッフの根気強い後押しも手伝って、最終的に「ＥＣＣジュニア英語・英会話教室」を選んで開講したことに、心から満足しました。

もうひとつ大切なことがありました。近隣の地域住民の方々に「三木教室」へのご理解をいただくことでした。「三木教室」は、大阪泉北ニュータウンの光明池地区という、戸建て住宅地区の一角にあります。ここは第1種住宅専用地域であることから、自治会の申し合わせで、景観をそこなうような看板類の掲示はご法度になっていました。それにも拘らず、前述したように、ご好意によってお宅のフェンスの外側にＰＲポスターを掲げることを認めてくださった方々には、本当に感謝しています。

第6章　私の英語漬け生活

英検準1級受験を決意する

「英語・英会話教室」を開講してから丸3年が過ぎた頃、運営も軌道に乗ってきたので、いよいよ英検の準1級を受験する決心をしました。私は、日常英会話はもちろん時事問題などについても、ネイティブスピーカーと自由にコミュニケーションができることを理想としていたので、自分の英語力はまだまだ不十分だと感じていましたし、当然、もっと高みを目指したいと思っていました。

私が英検2級に合格したのと同じ頃に準1級に合格されたママ友のYさんとは、その後もお互いに励まし合って積極的に情報交換をするような関係になっていましたが、娘が四天王寺中学に入学してからは、自然と娘がYさんの娘さんと遊ぶことが少なくなりました。私も教室を開講したために多忙になり、以前ほどのお付き合いができなくなりました。ただ、たまたま出会った時などには、近況を報告しあっていました。

ある日、彼女の家の前で見かけて声を掛けたら、外国人男性をホームステイ（homestay）させていることを教えてくれました。語学留学で日本に来た20歳のアイスランド（Iceland）の方だということでした。聞きなれない国名だけに驚きました。彼女によれば、英会話か

らだいぶん遠ざかっていたので最初はぎこちなかったけれど、日がたつにつれだんだん勘が戻ってきた、ということでした。日本語だけが飛び交う日常生活において英会話のスキルを維持するには、それなりの環境づくりが必要であることが改めてわかりました。

そんなこともあって、私は準1級受験を決めてからは、生活を英語学習中心のパターンに切り替えるようにしていきました。いわば「24時間英語漬け」の状態を目指したのです。すでに48歳になっていましたが、心は学生時代に戻ったような感じでした。私は、水を得た魚のように生き生きと目標に向かって走っている自分に気付いたのです。当時、夫はクボタの機械製品の開発現場で、文字どおりエンジニアの先頭に立って多忙をきわめていたので、私は私で、自分が熟慮の末に立てた計画を粛々《しゅくしゅく》と進めていきました。ただし、夫は私が英語を学ぶことを大いに歓迎してくれていましたし、必ず報告はするようにしていました。

実は、夫は独身時代、1970年に開催された大阪万博で、クボタ館のパビリオンにほぼ連日通うという仕事を体験したそうです。夫が担当して開発した田植え機の展示責任者を命じられたためでした。海外からのお客様に英語で説明する役で、本来なら女性コンパニオンに任せるはずだったのが、適任者不在のためにお鉢が回ってきたということでした。

外国人のお客様相手に、専門用語を用いての機械の説明は何とかできたそうですが、日常英会話力は乏しく、連日苦しい思いをし続けたそうです。そのことから、英語力の必要性をひしひしと感じたと言うのです。それでも、キーワードを並べただけの決まり文句の説明を、相手が理解してくれた時の喜びは格別だったようです。

夫はその後、トラクターの開発に携わりました。トラクターはアメリカ市場での需要が増大していて、海外向け製品の現地での耐久テストが必要とされるようになりました。そのため夫も海外出張が多くなり、英語の必要性をますます感じるようになったそうです。

夫に言わせると、英語は「使い慣れる」ことが一番、なのだそうです。その実例として挙げたのが、新幹線の車内放送です。２０１９年頃から、それまで録音だけだった新幹線の英語の車内放送に、車掌によるアナウンスが導入されましたが、その英語のアナウンス原稿を読むスピードが、ここ2~3年で大きく向上してきたというのです。初めの頃はお世辞にも上手とはいえず、ほとんどの車掌が原稿の棒読みで、中学生が初めて英語の教科書を読むような調子でした。それでも仕事のルーティンとして毎日発話することで、現在はスムーズなアナウンスになってきているとのこと。夫は、国内各地（海外を含む）のメーカー企業を訪問して、製品開発のための技術指導を行う仕事をしているため、新幹線に乗る機会が多く、車内の様子に詳しいのです。

車内アナウンスについては、私も出雲に帰省する時に耳にしていますが、原稿の棒読みはまだ解消されたようには聞こえません、いたずらに速く読むことだけを目指しているように思えるのです。欲を言えば、次の段階に進み、もう少しゆっくりと発音に気を付けながら一語一語、丁寧に心を込めたアナウンスになるよう精進してほしいものです。年々増加している訪日観光客のためにも、カタカナ英語の発音から脱却されることを願っています。

夫は、今回の本の執筆、出版に当たっての積極的な提案者であり、私の英語・英会話力向上のための勉強の良き理解者です。何より強力な助っ人になってくれています。私が楽しく努力を積み重ねている姿をそばで見ながら、私の「人生の楽しみ方」に、「英語」をオーバーラップ（overlap＝重ね合わせる）させているように思います。

「聞く」ことと「見る」こと

私は40年近く、毎日NHKラジオの英会話番組を録音して、料理をしながら、洗面や化粧をしながら、1日に何回も聞くように心がけています。それと並行して、毎日、配達される英字新聞を読むことも40年近く続けています。最初のうちは辞書を引きながらでしたが、「ニュース英語」を少しずつ覚えていったことが、英検準1級試験の合格に大いに役立ったと思います。私はずっと「Your effort will not betray you.（努力は人を裏切らない）」ということを信じていたので、生徒たちにもこの言葉を伝えながら「三木教室」の仕事をしてきました。それに加えて、自己研鑽のために、週2回の英語のネイティブスピーカーとのレッスン（個人レッスンおよびグループレッスン）も受けてきました。ここで紹介する私の日課（daily routine）は、読者の方々にも参考にしていただけるのではないかと思います。

私は、準1級受験を決めてからも、夜11時から放送されるNHKラジオの英会話番組を録音して、それを繰り返し聞くことを続けていました。『ラジオ英会話』は、生活に直結した内容が多く盛り込まれていて魅力的な教材でしたし、『やさしいビジネス英会話』は入門コースといったものでした。『ビジネス英会話』はそれより難易度が少し高かったのですが、オフィス内で起こり得る諸問題についての討論、交渉、解決といったことがドラマ仕立てで展開されていました。オフィス内の事情には疎かった私ですが、ドラマの推移に聞き入っているうちに、まるでその架空の会社の一員になったような錯覚に陥ることがありました。ドラマは半年で終了し、次の半年はまた新しいストーリーが展開されるので、ワクワクしながらリスニングをしていました。週末には、番組の再放送も録音して、改めて聞き直しながら、理解度を高めるようにしました。

２カ国語放送のテレビニュースも、夫の反対を押し切って英語放送に切り替えました。夫はあきらめて、別室で日本語のニュースを見るようになりました。

当時の我が家には、映画館で洋画を見るという習慣はほとんどありませんでしたが、私のニーズからアメリカ映画を見にいくことが増えました。私はスクリーンの中の俳優のせりふを耳でとらえることと、字幕を読むことに集中しました。手にはいつもペンとメモ用紙があり、気になったフレーズや単語が出てくるとすぐメモしました。

そんな単語のひとつに、「fiasco（フィアスコ）」があります。語源はイタリア語で、意味は「大失敗」です。主人公がよかれと思って物事を進めていたら、後にそれが彼の人生の大失敗という結果を招いたことを知り、「ウォー」という叫び声と共に画面に「fiasco」という文字が現れ拡大（zoom up）と縮小（zoom out）を繰り返していました。「fiasco」は、後に英字新聞の見出し（head lines＝ヘッドライン）にも時々出てくるようになりました。この単語を見つけた時は、いつもその映画のワンシーンがフラッシュバックしてきます。

この話をしたら、ＥＣＣ英会話講師の先輩とついつい話に花が咲き、とても楽しいコーヒータイムになりました。映画はテレビと違って、大きいスクリーンで見ることで画面全体の雰囲気が伝わってくるのと、吹き替えではなく、俳優の生の声を聞くことで英語のニュアンスがよくつかめるのが、とても魅力的でした。

我が家は英語のメモだらけ

英語学習には、何よりも単語を記憶することが大切です。イギリスの哲学者、フランシス・ベーコン（Francis Bacon）の言葉にある「知は力なり」、つまり「知識は力なり（Knowledge is power）」です。ベーコンは、ただ知識を得るだけでなく、実際にその知識を力にすることが重要だと説きました。日本語ではわずか5文字の短い言葉ですが、私の心に刺さりました。

私の場合、知識を得るための武器になったのが「メモ」でした。これは記憶力を増進するため私なりのノウハウのようなもので、何かを記憶するためには、とったメモを「備忘録」として、何度も見返すことが最適の方法だと考えています。

我が家が英語のメモだらけになりだしたのは、私が英会話のレッスンに参加するようになったためでした。まず、キッチンです。キッチンは私が毎日働くメインのスペースですから、メモがあふれています。壁や食器棚の扉の裏側などには、一面に貼ってあります。食器棚の引き出しの側板の厚い部分には、マジックで直接書き込んだメモが残っています。リビングや洗面所、トイレなどにはメモ板を置いて、そこにメモを貼り重ねています。

メモ板なら、来客の際にも簡単に移動できるからです。その他、家じゅういたるところ、客間である8畳の和室と夫や娘の部屋以外は、ほとんどメモが貼ってあったり、置いてあったりします。そこを通りかかった時にチラッと見て覚えて、元の所に戻るときにもう一度チラッと見て、単語（word）や熟語（idiom）やことわざ（proverb）などを確認しています。

もっとも、このようなメモは室内の美観を損なう点で、夫の意には沿わないようです。私だって、家じゅうにあふれるメモが美しいと思っているわけではありません。でも、私の英語力向上のためには必要不可欠なものなのです。第三者から見ると、こうした私の行為は不可解かもしれませんが、これらのメモはすべて、私にとっての「最強の助っ人」であり、貼り付けた場所にもすべて理由があり、知識の定着を考えた結果です。

2～3の例を紹介します。子供の遊び用のコマには、「spinning top」とマジックで書いてあります。お店でおまけ商品をもらったら、「gimmick」または「novelties」と書いた紙を戸棚の扉の裏に貼り、その扉の中におまけの品物を置いておきます。

ニューヨークから帰国して、自宅の新築に取り掛かり、それに続いて外構工事も始まりました。ガレージは鉄筋で離れの部屋のように独立した空間を作ったり、前庭と後ろ庭に芝生や木を植えたり、手の込んだ仕様にしたので、住宅関係の書類がたくさんたまりまし

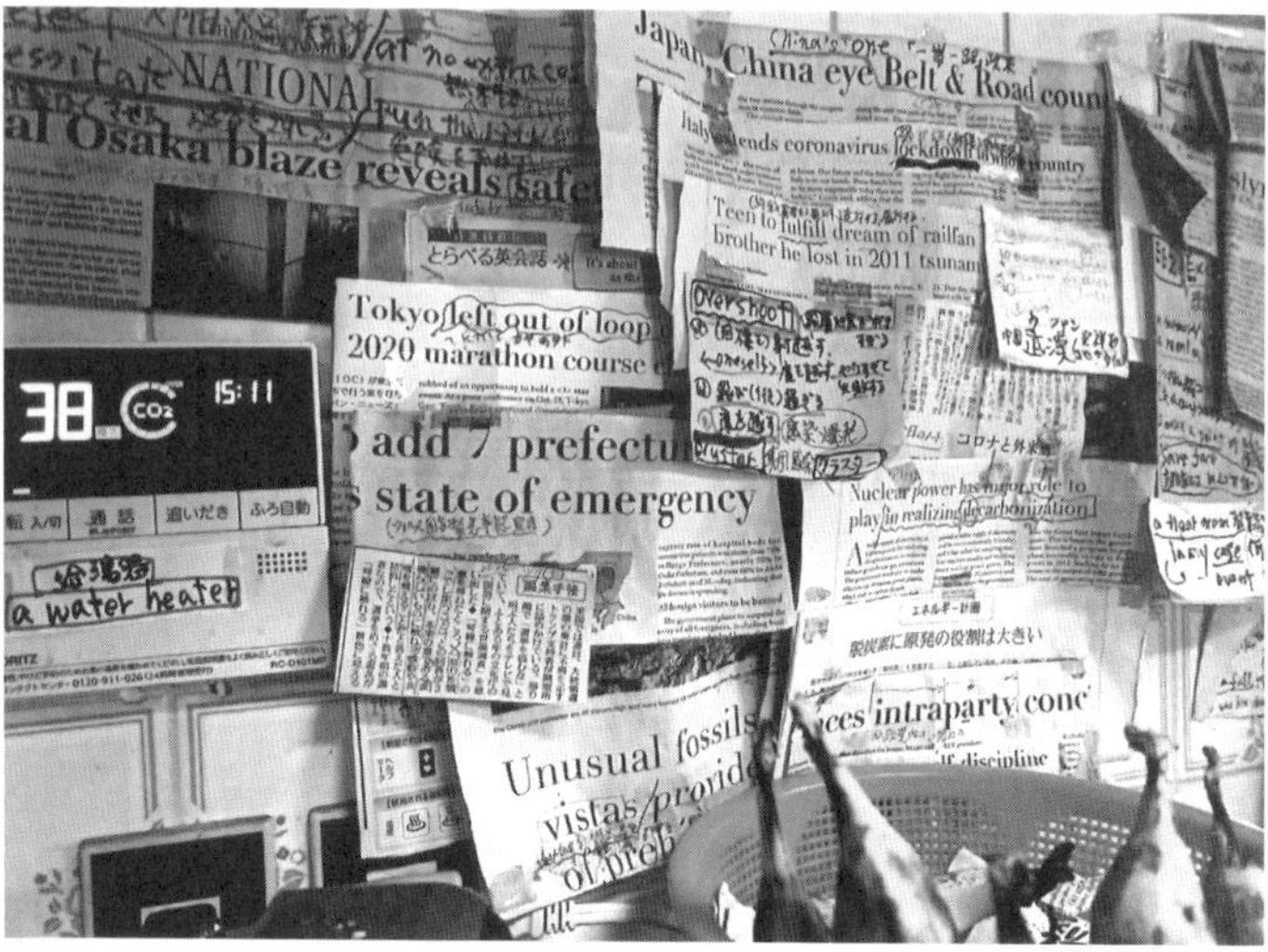

キッチンの壁面に二重三重のメモ。

引き出しの板厚部分にもメモを書いた。

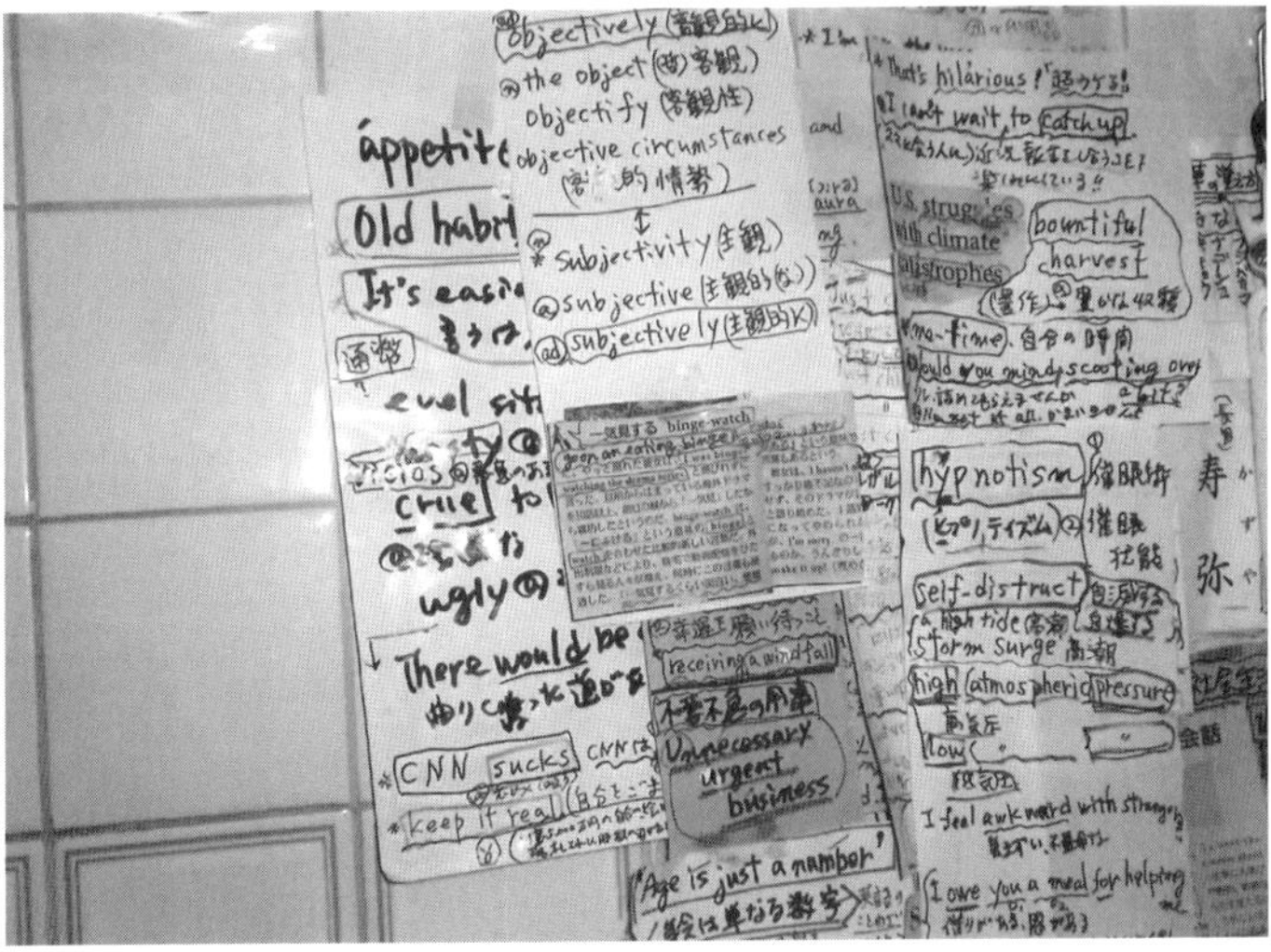

キッチンのタイルの壁面にもメモ用紙を重ねて貼っている。

テーブルの上にはカセットテープとメモ。

た。日本語では「住宅ローン」といいますが、英語でも「housing loan（ハウジングローン）」または「mortgage（モゲッジ）」といいます。私は「mortgage」と紙に書いて、キッチンの書棚（bookshelf）の扉の裏に貼り、その扉を開ければ家の建築関係の書類一式が置かれている、というようにしてあります。このように、覚えにくい単語でも意識して覚えられるような工夫をしました。

余談ですが、英語の先生（ネイティブスピーカー）は「mortgage」をよく使うので、この単語を覚えておくと話がスムーズに流れて「話の腰を折る（give up talking）」ことがないので、英会話がすごく盛り上がります。

こうしたメモの工夫のお陰で、英字新聞のヘッドラインに出てくるような、見たことも聞いたこともない多くの単語や熟語を覚えることができました。このような理由から、夫もメモに関しては、私の前向きな姿勢に免じて妥協してくれているようです。

英字新聞を読み込んで、語彙を増やす

英検受験のための勉強は、準1級問題集や必修単語、そして準1級試験の過去問を何回も繰り返してやっていくのが中心でしたが、やる度に新たな発見がありました。出題の方

法はパターン化されているのですが、出てくる単語や熟語はほとんど重複していないことがわかってきました。それは、準1級というレベルに合致した単語・熟語をいかに多く覚えるかが、勝敗のカギを握るということを意味しています。

準1級試験の筆記試験は、問題のページをめくると、最初に「リーディング（reading）」について3つの課題があります。①まず、短文の語句・空所補充（25問）があり、②次に長文の語句・空所補充（6問）があります。③最後に長文の内容一致選択（10問）があります。いずれも解答は4肢から選択する形です。問題の題材は、①が「短文・会話文」なのに対して、②と③については「説明文・評論文」となっており、近年の時事問題、それ以前も含めた社会生活一般・芸術・文化・歴史・教育・科学・自然・環境・医療・テクノロジー・ビジネス・政治など、多様な事柄が取り上げられます。したがって、ニュースを聞いたり、新聞を読んだりして、幅広い問題について理解し、頭の中で知識として整理しておく必要があると痛感しました。

その意味で、英字新聞は単語・熟語の語彙を増やすことに大いに役立ちました。もともと私が英字新聞を購読するようになったのは、自治会館での英会話教室が閉鎖されたあと、パンフレットで見つけて通うようになった、和泉中央駅近くにある英会話教室のアメリカ人の先生の勧めによるものでした。

我が家は読売新聞を取っていましたので、それに合わせるように「デイリー・ヨミウリ（The Daily Yomiuri）」（現在は「THE JAPAN NEWS」に改題）を購読するようにしました。毎日、時事ニュースが英語で読めるのが魅力でした。当時、朝日新聞にも英字新聞はありましたが、その新聞は週刊紙だったので記事が1週間遅れになり、臨場感が薄いような気がして、「デイリー・ヨミウリ」を選択したのです。

この選択には、英会話教室の先生からのアドバイスが大きく影響しました。日本語新聞と英語新聞が同じ新聞社の発行なら、使われる写真も同一のことが多いし、文章もほとんど日本語を英訳したような文章だと考えられます。このことは、英語を勉強している読者にとっては好都合で、両方の紙面を対比させて読み比べることで、読解力を高めることができる、というのでした。英字新聞の英文、単語を覚えるようにすれば、ネイティブにも理解されやすい自然な英語を学べるので、お勧めします。

私は語彙を増やすために、「デイリー・ヨミウリ」の見出しの中に意味がつかめない言葉を見つけると、すぐに電子辞書で調べながら記事を読み、新たな単語や熟語をその場でメモする、ということを日課にしました。必要に応じて、記事を切り抜いて保存もしました。これは現在も続けています。

メモした単語や熟語を見やすいところに貼って、家事の合間にそれを見ながら声に出して読み上げたり、メモをカバンに入れて散歩の時に持っていき、ひとり言のように読んだりして、復習しました。そして、完全に覚えたら、それらを英会話のレッスンの際に織り交ぜるようにしたりして、スムーズに使いこなせるようにしました。

ちなみに、和泉中央の英会話教室については、途中から生徒数が減少してきたので心配になり、英検受験で仲良くなったママ友のYさんを教室に誘ったりして、会話力の向上に努めました。

第1回受験は不合格

私は、準1級試験問題集や必修単語に加えて過去問を繰り返し解くことで、だんだんと実力がついてきたのでは、と感じるようになりました。模擬試験で自己採点評価をしてみると、背伸びすればすぐ手の届くところまできているように思えました。

ただし、知り合いのIzさんの話では、点数による合否の判定は、その時の設問の難易度や受験者の偏差値で決まるので、難易度が高い時は合格ラインの点数が低くなり、難易度が低い時は合格ラインが高くなる、ということでした。したがって、1人だけで模擬テストや過去問をやって採点してみても、合否のボーダーラインの変化を把握できないことがわかりました。それに加えて英作文があり、この部分も自分で点数を付けるのは難しいと感じました。

それでも思い切って、２００４年10月に準１級の受験に臨むことを決めました。当日は、夫に車で会場の帝塚山学院泉ヶ丘中学校まで送ってもらいました。帰りはバスを乗り継いで帰宅する予定でしたが、受験後、２時間におよぶテストを終えたことへの安堵感もあり、気分転換のために途中下車し、喫茶店に寄りました。店に入った瞬間、どっと疲れを感じたことを思い出します。

この時は「受かったかもしれない」という手ごたえはありませんでした。でも、受験者の偏差値によって、合格点の上下幅が５点近くもあるということがわかっていたので、淡い期待もしたのですが、やはり結果は不合格でした。

つくづく感じました。準１級はやっぱり手ごわいのです。もっと受験勉強をする時間があれば、合格できそうな気もするけれど、やっぱり自分には無理なのかな……。私は、「三木教室」の仕事と受験勉強の二足のワラジを履いているわけで、受験勉強のための時間の捻出がむずかしいのは事実です。だからこそ、準１級に合格するには、あせらずじっくり腰を据えて取り組まなければならない、とあらためて肝にめいじました。

今度の試験で感じたのは、私には制限時間内にすべての問題を解き終えるだけの実力がまだ足りない、ということです。私の強みは、英字新聞の購読を続けていることから得られた、「単語力」にあると自負していましたが、一方で「長文読解」には弱みがあることも認識していました。

私は、英語の文章を熟読してしまう傾向があり、速読が苦手でした。テストに臨めば、もちろんわかったところから先に解答していくのですが、どうしても時間切れということになってしまいがちです。過去の試験問題に取り組むときは、時間配分を特に意識しながらやる、ということに注力するようにしました。

2回目、3回目、そして4回目で合格

２００５年10月、２回目の受験をしました。約２週間後にハガキで合否通知が送られてきました。それには、自分の点数ばかりでなく、合否のボーダーラインである総合点、受験者の平均点などが記されています。一番先に総合点をチェックしました。「あーあっ」と大きなため息が出ました。単語にすれば２～３個分の点数不足で不合格でした。心が壊れそうでした。

でも、ふっとIzさんが話されていたことを思い出し、それが私を奮い立たせました。

「英検テストは、入学試験と違って、1年に数回あるので、たとえ不合格でもあきらめずにトライし続けることが大切なのよ。そうすれば、自分と相性のいい試験問題に出会うチャンスもあって、良い結果に結びつくことになるから」

彼女は長年、学習塾の先生をされており、英検テストで不合格になった生徒に、再挑戦への励ましの言葉としてこのことを伝えている、ということでした。それを聞いて、「英語・英会話講師」として中学3年生の生徒たちに「英検テスト3級」受験を積極的に勧めてきた私も、受験前の説明の時に、Izさんの言葉を言い添えるようにしました。それを聞いた生徒たちも、少しリラックスしたような顔になりました。

次は3回目です。テストの要領もだいぶわかってきたので、今度はもう少し受験準備に時間をかけました。２００６年10月に受験しましたが、やはり不合格でした。ただ今回は、リスニング問題で、解答用紙のマークシートへの記入を1問ミスしたための不合格だったことが、自己採点で判明したのです。本当にすごく悔しいミスでした。絶対に合格するまで頑張ろうと、あらためて決心しました。不合格を重ねるたびに、積み上げてきた自分の頑張りを必ずや結実したい、という願望がますます膨らんでいく感じでした。

4度目の挑戦を前に、受験方針を見直すことにしました。とはいっても、何か全く新しいことをしよう、というのではありません。初心に立ち帰って、「過去の問題」をさらに深掘りすることにしたのです。当たり前といえば当たり前のことですが、問題に正解するまで繰り返し解答を続けていくという素朴なやり方です。何回も反復することで、正解を見つけて固定するやり方です。ここまでくれば、「Constant dripping wears away a stone.（雨だれ石をもうがつ）」を実践するしかないのでした。

２００７年10月、４回目の準1級受験に挑みました。今度こそ、確かな手応えを感じました。私は、受験後すぐに娘に連絡をして、問題用紙に書き込んだ回答をインターネットでチェックしてもらいました。

娘は当時、埼玉県所沢市にある防衛医科大学校の医学生でした。やがて、娘の弾んだ声が電話口から聞こえてきました。

「ママ、リーディングとリスニングでは、合格点に達しているみたいだよ！　ただし、英作文の点数は私にはわからないけどね。英作文の配点は16点で、その7割（12点）以上の得点があればＯＫらしいから」

私が、「英作文なら7割以上の点を取った自信がある」と返事をすると、娘が言いました。

「あー良かった！　それなら合格していると思うよ！　ママ以上に胸がドキドキして、心臓が止まりそうだった……。あきらめないで良かったね。たぶん『おめでとう』だと思うよ！」

嬉しい報告でした。私の心もいくぶん軽くなり、曇天から少しずつ青空が広がっていくようでした。でも、まだ確定ではありません。受験後の2週間は、「Do your best and wait for destiny（人事を尽くして天命を待つ）」状態が続きました。

そして、ついに1次試験（ペーパーテスト）に合格したのです。ここに至ってやっと、「Persistence pays off. = 粘り強さは報われる（継続は力なり）」ということを自ら実証し、実感することができました。

いよいよ次は、2次試験（面接テスト）です。1カ月後に実施されるので、すぐにその準備に入りました。2次試験用のテキストを買い、計画通りに進めました。1カ月間の勝負です。今まで英会話レッスンを受け、自分の考えや興味のある事柄を説明することを続けてきたので、2次試験のスピーキングテストには少し自信がありました。

試験当日の私は、下準備が十分にできたという実感があったのでとても冷静で、むしろテストが楽しみでした。面接テストの流れは次の通りです。

①入室、②「面接カード」を渡す、③着席、④氏名・級の確認と簡単な質問、⑤「問題カード」（指示文と4コマのイラストが印刷されている）を受け取る、⑥ナレーションの考慮時間（1分間）、⑦ナレーション（2分間）、⑧Q&A（1問目）、⑨「問題カード」を裏返す、⑩Q&A（2問目～4問目）、⑪「問題カード」を面接委員に返す、⑫退室。

以上の流れを順調に終えて退室しました。すると、監視員の女性に声をかけられました。

「(入室している) 時間が長かったですね。うまく (英語で) 話ができましたか？」

「はい。4コマのイラストの説明もできましたし、質問にも全部答えられました」

「それは良かったです。だから時間が長かったんですね。たぶん大丈夫ですよ」

この言葉を聞いてから1カ月後、2次試験の合格通知ハガキを受け取りました。ハガキを手にした時は、嬉しさの余り、「やったー！」と言いながら何回もジャンプをしました。毎回、受験会場に車で送ってくれた夫は、この合格を心から喜んでくれました。私は、長年応援してくれ、私の心の支えになってくれた夫と娘に「ありがとう！」を伝えました。

そして、2カ月後に準1級の「英検合格証明書」が届きました。ただ、このことについては「合格」を自慢することになるような気がして、YさんやIzさんには今日まで伝えていません。ECCの同僚の先生方には半年後くらいに伝えました。

英会話力強化に終わりはない

初めて英検準1級を受験してから合格するまでに丸3年、受験を「決意」してから数えると8年もかかりましたが、何とかたどり着けました。でも、ネイティブスピーカーと時事問題について自由に会話ができるようになりたいと思っている私は、そこで満足してはいられません。英会話力をもっともっと磨かなくては、と思っていました。そして、そのためのレッスンは、できるだけ絶やさぬように続けました（残念ながら、和泉中央の英会話教室は、「三木教室」の仕事とレッスン日が重なってしまったのでやめましたが）。

２００５年10月には、英検準1級に挑戦しながら、ＮＯＶＡでのフリートークレッスンを始めました。ＮＯＶＡは、「駅前留学」というキャッチフレーズで派手にテレビ宣伝し、挙句の果てに倒産してしまいましたが、現在は別の会社に引き継がれています。チケット制で全国展開していたので、私にとっては使い勝手がよかったのです。先生は毎回違う人でしたが、旅行に出た時も、訪問先にあるＮＯＶＡ教室のフリートークレッスンを予約なしで受けられるため、積極的に受講しました。通常は、私の仕事がない土曜・日曜に行くことに決め、レッスンに参加しました。場所や時間も自分の都合で選べたので、大阪市内の教室まで足を運びました。夫が茨城県龍ケ崎市に単身赴任していた時には、夫を訪ねた際に取手市のＮＯＶＡに数回行って現地の人たちと英会話を楽しみました。とても新鮮で、今では良い思い出になりました。

英会話レッスンでは、イングリッシュカフェにも参加しました。近くにあるショッピングセンターの中の喫茶店に、数人が集まってグループでレッスンを受けるのです。後にプライベートレッスンも可能となったので、私は1週間に1回ずつ両方に参加しました。つまり週2回、カフェに通うことになるので結構多忙になりましたが、面白かったので、頑張って車で通いました。

このレッスンは、参加者のレベルが高く、イギリス人の先生の配慮によって、時事問題でもプライベートな悩み事でも何でも受け付けてもらえました。参加者も皆、積極的にきちんと準備して来ていました。その後のフリートークも話に花が咲き、なごやかな雰囲気の中で進みました。この時も英字新聞が役に立ち、ことわざ、熟語、単語もそこから引用したりして楽しく参加ができ、勉強になりました。

このようにして、英会話力を高めることに努力した結果、私の単語数が増えるとともにリスニング力も向上しました。それらに加え、私の好きな熟語・ことわざ・金言なども徐々に増えていったので、スピーキング（発話）の際にも、単調な英文ではない、彩り豊かな言葉を発せられるようになっていきました。

第7章　「三木教室」が私にくれたもの

「Age is just a number.」に背中を押されて

時のたつのは早いもので、「三木教室」を開講した１９９６年から28年もの月日が経過しました。１歳で帰国した娘も、今では40歳を超えました。そのぶん私も年齢を重ねてきたことになります。お陰様で健康で、私の心はいつも20代～30代のつもりです。勉強も運動も年齢による垣根はありませんので、いつでも果敢に挑戦できるし、強い意志があればいつまでも継続することができます。英語では、「Age is just a number.（年齢はただの数字に過ぎない）」と表現するということを、ネイティブスピーカーに教えてもらいました。

日本人の間でよく耳にする「もう歳だから、〇〇できない」というのは「やりたくない！」という思いの裏返しで、ただの言い訳に過ぎないと思います。「Age is just a number.」は、長年にわたって私の背中を押し続けてくれました。それと同時に、私の好きなことわざのひとつ、「Where there's a will, there's a way.（意志あるところに道あり）」もまた、私をずっと鼓舞してくれました。

そんな私が、英語に具体的なかかわりを持つようになったのは40歳の頃、人生で初めて英検テストを受けた時でした。ずいぶん〝遅咲き〟だったと思います。それに対して、後述するような英語・英会話講師の同僚は、たとえば大学の英文科を卒業したり、中学校の英語講師をしたり、その他、英会話を必要とされる職業に就いたりと、若い時から「英語・英会話と隣り合わせの生活」を続けている人たちでした。私は、大学を卒業してから結婚するまで銀行員として５年３カ月働いていたので、出発点でハンディを負っていたようなものでした。

にもかかわらず、〝遅咲き〟の私が20年以上にわたって「教室」を運営することができたのは、やはりこの仕事が日々の生活に充実感をもたらしてくれたからであり、人との新しい出会いがあったからです。

卒業生から届くうれしい便り

「三木教室」からは、延べ４００人ほどの子供たちが巣立っていきました。そんな卒業生たちの人生の１コマに、「教室」を通して関与できたことは、私の人生にとってもほんとうに大きな意義をもたらしてくれました。

彼ら、彼女らからは、折に触れて年賀状や近況を知らせる便りが届きます。自作のイラスト入りのハガキなども送られてきます。偶然町で出会ったりした時は、私から現在の生活や将来の夢などを聞き、励ましの言葉をかけるようにしています。
・Sさん（女性）
〈先生のお陰で英語が好きになり、得意科目になりました。お陰様で歯科医になりました。〉
・Mさん（女性）
〈三木教室へ通い始めてから、中学校は違うけど同学年の友だち（女性）ができ、レッスンがとても楽しくなりました。教室以外の土曜、日曜日など約束して遊ぶようになり、私の生活も充実していました。私は小さな子供が好きなので、保育士になりました。毎日が楽しいです。〉
・Oさん（男性）
〈交換留学生として、オーストラリアへ1年半行き、大変勉強になったので、今度はアメリカへ1年行く予定です。〉
・Kさん（男性）
〈父親は医者ですが、自分は動物が好きなので獣医学部に入学しました。〉
・Ozさん（兄）
〈三木教室へ小学1年から中学3年まで9年間通って英語が大好きになりました。両親が教師なので、将来は自分も同じ道を進みたいです。〉

・Ozさん（妹）

〈三木教室へ幼稚園（年長）から中学3年生まで10年間お世話になり、英語が大好きになりました。私も両親と同じ教職に就きたいと思っています。〉

こうした便りを受け取るたびに、この仕事を選んでほんとうによかったと、あらためて思いました。

小学1年生のお兄ちゃんが「三木教室」でレッスンを始めたのに刺激されて、幼稚園児の妹さんが入学してきました。Ozさん兄妹です。妹さんは結局、中学3年生まで10年間通ってくれたので「日本英語検定協会」から「10年間ありがとう」の長期学習賞と粗品が贈呈されました。彼女からは、こんな嬉しい報告もありました。

〈私は中学校で英語弁論大会の発表者に推薦され、大勢の保護者・参観者の出席のもと、講堂で発表、たくさんの拍手をもらいました。〉

また、生徒の親御さんからのお礼の声も嬉しいものです。

「学校での英語のテストは点数が低く嫌いだったのに、先生の丁寧なご指導で英語に興味が湧いたようで成績がぐんと上がり2倍以上の得点が取れるようになりました」

こんな話を聞くと、まさに「教師冥利に尽きる」思いです。この生徒は、中学2年生から「三木教室」に参加して、1年半後の中学3年生の10月には「英検3級」に合格しました。私は、3級の認定証が届いたら、それを持って学校の教員室へ行き、先生に報告をするように勧めました。その理由は、2~3カ月後にある受験の際、高校に提出される生徒の内申書に、3級合格について一筆書き加えてもらうことで、本人の努力を高校に認めてもらえる要因になる、と考えたからです。

最後に、少し長い引用になりますが、地元の高校の国際科に進学した女子生徒の手紙を紹介します。これも嬉しい便りでした。

〈三木先生へ

返事が遅くなって、本当にすみません…。

写真をありがとうございました。あの部屋で先生や皆と勉強したことが凄く懐かしいです!!

これも遅くなって本当にすみませんが、報告したいことがあります。まず、高校入学の次の日に行われた新入生テストで、英語が学年1位でした!! これは本当に三木先生のおかげです!!! 先生の教え方はわかりやすくて、とても頭に残っていたため、このような結果を出せました。本当にありがとうございました!!

次は夏休み明けに行われた英単語テストと、学力診断テストですが、英単語テストは14位(だったと思います)で、診断テストの方は2位でした!! 英単語は全く勉強しなかったので何とも言えませんが、診断テストは悔しいです…!!　3問間違えたのですが、その内1つはケアレスミスでした…。高校生になってもまだケアレスミスをしている自分が許せません!!!　次からは気を付けて頑張りたいと思います。

高校に入ってからもう何カ月もたちましたが、本当に時間というものは飛ぶようにすぎるなぁ、とつくづく思います。入学したのが1年以上前に感じられます。高校生活は日々楽しんでいます。特に今のクラスはとても居心地がいいです!!　クラスメートに日本とカナダのハーフの男の子がいるのですが、見た目はアメリカ系なのに話すのはバリバリの大阪弁なのでそのギャップがとても面白いです♪　それと、やっぱり英語が上手なので羨ましいです…!!　英語の授業はリーディング、文法、会話の3つがあるのですが、文法がとても困っています。65分で多くのことを一気に教えようとするので、説明が少なく、あとは自分で参考書を見て理解しなければならないからです。本当に、三木先生の元へ戻って教えていただきたいです…!!!

ECCは毎週水曜日の午後8時から1時間半習っています。今のクラスは英会話がメインで、大人の方々と受けています。皆さんも先生もとても面白くて、毎回楽しく会話をしています!!!　〈以下略〉

〝しつけ〟の助けになるように

「三木教室」は、私の自宅が教育の場ですから、少しでも家庭内の〝しつけ〟の助けになるようにと、気を配るようにしていました。

「家族に挨拶もしなかった息子が、家で挨拶するようになりました」

「玄関で靴をキチンとそろえるようになりました」

親御さんからも、こうした感謝の言葉をいただきます。

こんなこともありました。鉛筆を正しく持つことができないために、筆圧が弱くて、書く文字が非常に読みにくい生徒がいました。教室で注意して、正しい持ち方を何度も教えたのですが、なかなか直りませんでした。そこで、成績表のコメント欄にその旨を書いて、親御さんに協力を求めることにしました。

しばらくすると、彼の字が明らかにきれいになり読みやすくなってきました。私がその変化に気付いてほめたら、「字がきれいに書けるようになり、書くのも速くなりました」と、彼も笑顔で話してくれました。

私にとって、一番印象に残っているのはこんな生徒です。

彼は、「かきくけこ」の「け」の発音がうまくできませんでした。「け」がどうしても「て」に聞こえてしまうのです。今は小学生だからあまり問題にされないのかもしれないけれど、中学、高校と進み、やがては大人になっても、「cake」と「take」が同じ発音に聞こえてしまっては、本人が困るのは明らかです。

彼のために私に何かできることはないのかと考えて、この2つの発音の際の舌の動きを、私自身の舌で何回もチェックし、私なりにある結論に行きつきました。そこで、その結論に沿って、彼が正しく「け」の発音ができるよう矯正してみることにしました。もちろん、私には発音矯正の専門知識などありませんが、次のようなことをやってみたのです。

まず、新しい割りばしを彼の口の中に差し入れて舌を押さえつけ、「け」の発音をさせてみました。これは、何回やっても直りませんでした。そこで、割りばしをやめて、丸味を帯びたスプーンを彼の舌に押し当てて、思い切り発音させてみました。長年しみついたものは一朝一夕には直りませんでしたが、英語のレッスン後に何度も何度も繰り返して練習した結果、2カ月ほど経過したある日、成功が確認できました。私にとっては、暗いトンネルの中で一筋の灯を見つけたような喜びでした。あとでそのことを親御さんが知って、丁寧なお礼の電話をいただきました。

「合E会」の仲間たちと

「合Ｅ会」という会があります。変な名前ですが、「ＥＣＣ合同発表会」からとったものなのです。１９９６年４月に堺市内でＥＣＣ英会話教室を同時に開講した、私を含めた同期４人の先生方と２年後輩の先生１人の計５人がメンバーで、実際に「合Ｅ会」が発足したのは、英会話教室を開講してから丸３年後の１９９９年３月に、堺市栂文化会館で行われた「合同発表会」の後のことでした。

もともとＥＣＣの教室では各年度末に、生徒たちがその年の学習成果を保護者の前で披露する「発表会」を催しています。保護者に、１年間の子供たちの成長を確認していただいて、「これからもよろしくご協力をお願いいたします」という趣旨の会なのですが、99年にはＥＣＣ本部からの勧めもあって、堺市内の５つの教室が合同で発表会を行うことにしたのです。

合同発表会は、先生にとっても生徒にとっても個別発表会より負担が大きく、緊張感も強かったのですが、組織の一員としての責任を強く感じることにもなり、貴重な体験だったと思います。その後も年度末には、それぞれの先生方の考えでいろいろ工夫して、教室

ごとの英語を使った楽しい発表会が続けられています。

私たちの「合E会」が今日まで継続しているのは、合同で発表会を開催したことで5人の先生たちの絆が強まり、その後は〝悩みの相談会と親睦会〟として、ランチミーティングが主体になったからです。

教室の教育効果を分析し増進させるために、毎年定期的に実施されるECC独自の「児童英検テスト」という制度があります。その1次試験として、12月にペーパーテストがあり、2次試験は面接（インタビュー）テストとして、翌年の1月から2月にかけて実施されます。

面接テストは、ECC本部から地域ごとの指定会場に派遣されるネイティブスピーカーの試験官と、生徒との1対1のインタビュー方式で行われます。生徒は個室で試験官と向き合い、それぞれのレベルに準じた英会話のテストが行われます。

ペーパーテストと面接テストの「総合結果」は、100点満点で評価されて個人に通知されます。全体として強力なカリキュラムが組まれ、システマティックに実施されています。こうした実施方法は、大人向けの英語検定も主催する日本英語検定協会の「児童英検テスト」に準拠しているため、本番の児童英検テストを受験する時に大いに役立っています。

ただ、ＥＣＣの児童英検テストは、もう一方で、全国のＥＣＣ英会話教室の1年間の学習成果を査定する場でもあります。ですから教室を運営する先生たちにとって、ものすごく緊張する行事です。このテストの終了は、生徒たちはもとより、教えてきた先生たちにとっても「やっと1年が終わった！」という安堵感をもたらしますが、「うまくできなかった！」という悔恨が残ることもあります。

私たちは先生として、多様な個性を持った生徒を教えるのですから、常に新たな課題に対処していく能力を求められています。こうした課題解決の糸口をつかむためにも「合Ｅ会」の役割は大きかったと思います。課題や悩みを共有しながら、気楽に話し合える仲間がいることに感謝し、幸せを感じています。

25年もの間、ランチを共にしながら、仕事の話、そして仕事を離れての旅行、自分の子供たちの入学、就職、結婚、夫の仕事、病気などについてまで、気軽に会話を交わすことができているのは、強い絆で結ばれているからこそだと思っています。そして、それは同時に精神的な安らぎを与えてくれています。

「合Ｅ会」は、互いに新たなレストランを紹介し合いながら、1カ月に1回の頻度で開催していましたが、メンバーそれぞれの環境の変化に伴い6年ほど前から2～3カ月に1回のランチミーティングに変更されました。

今回のコロナ禍では、政府の方針に沿って会合はしばらく中断しましたが、行動制限が緩和された時点で2回だけ開催しました。久しぶりに顔を合わせてお互いの健康を確認しあい、全員が笑顔で再会できたことを喜びました。

各人の住まいは5キロ圏内、毎回自分の車で現地集合し、各人が食べた分だけ支払う、2時間ぐらいの会合で、気楽に参加できるうえに、心の洗濯にもなるという唯一無二の楽しい場になっています。

夏休みの海外旅行

娘が高校生になると、すでに「三木教室」の仕事を始めていた私は、毎年2人の夏休みをすり合わせて海外旅行に出かけるようになりました。教室の夏休みの期間に行くわけですから、お盆前後に出発することが多く、2人分の費用はかなりの高額になりますが、1年に1度の海外旅行は、自分への「ごほうび」でもあり、現地での英会話を楽しみながら家族としての絆（bonds）を深める「一石二鳥（Kill two birds with one stone.）」のチャンスでもあることから、万難を排して続けました。結局、娘が働き始めるまで、約10年間続きました。私にとって、夏はほんとうにワクワクする季節でした。

娘が医者になってからは、クボタを退職して余裕ができた夫が、時間を共有してくれるようになりました。お陰様で後半の13年間は、娘に代わって毎年、夫と2人で海外旅行をしました。そして旅行後には、その体験やエピソードに合わせて英語・英会話の大切さを綴った「海外旅行記」を保護者宛てに書いて渡しました。

こうした私の海外旅行は、教室の生徒にも刺激をもたらしました。「三木先生みたいになりたい」「自分ももっと英語を勉強して、海外旅行をしたい」「ECCジュニアの先生になりたい」という生徒がたくさん出てきました。

毎年、教室の夏休み明けのレッスンの際に時間をとって、旅行の思い出話をしたのです。その際には、生徒たちにもちょっとした準備をさせて、話を始めます。

①まず、生徒に世界地図を見せて、国名を伝え、どこに位置しているか探させる。

②日本との距離を把握させる。どのくらい離れていて、飛行機で何時間かかるか、トランジットがあれば、その国で給油してから目的地へ行くことを説明する（トランジットで、コーヒーを飲んだりお土産を買ったりするために、英語を使うことも説明する）。

③訪問国の順に写真を見せる。私の感想やエピソードを話しながら、特に英語を使ってコミュニケーションを取ったこと、そして楽しかったことを話す。

④お店でお土産を買うとき、旅行の同行者（日本人）の通訳をして感謝され、嬉しかった

経験などがあれば、必ず話す。
⑤英語が話せることで「人の役に立つ」ことがわかった時に、今まで頑張って英語を勉強して本当に良かったと心から思えた、「努力は人を裏切らない」から、これからも先生と一緒に英語を頑張ろうね、と生徒の心を鼓舞するように話す。
⑥生徒1人ずつにお土産を買ってきているので、それを手渡すと同時に、保護者宛てに書いた私の「海外旅行記」をことづける。帰宅した生徒が、その日に笑顔で両親に報告してくれたことを、私は後日知ることになります。
そんな夏休みの「海外旅行記」のいくつかをご紹介します。まずは、2006年8月のものです。
〈拝啓
日頃よりECCジュニア教室に御理解、ご協力を賜りまして、誠に有難うございます。皆様方におかれましては、夏休みにたくさんの思い出ができたことと存じます。
私は、娘と二人で中欧三カ国（ドイツ、チェコ、オーストリア）を訪ね、たくさんの文化遺産や日本（本州）とは趣を異にした美しい風景（北海道のような広々とした丘）を満喫しました。ドイツのベルリンを二分していた壁（今でも保存されている）にもさわってみたりしました。敗戦後の日本の将来を決めたと言われる「ポツダム宣言」が話し合われた会議室を見学し、狭いながらも威厳を感じました。ウィーンではマリー・アントワネットが16歳（結婚）まで住んでいた二つの荘厳な宮殿の内部に圧倒され、また、モーツァルトがハプスブルク家のために演奏したとされている部屋で、自分が今、同じ場所に立っていることに感銘を受けました。夢のような9日間は瞬く間に過ぎてしまいました。

海外旅行に行くたびに、痛感していますが、英会話ができることの楽しさ、人とのコミュニケーションができる嬉しさ、そして同行している日本人の人たちの助けとなることができた時の幸せをかみしめています。

今後も、生徒たちと共に「楽しい英会話・効果の出る英語」をして行きたいと思っていますので、ご協力の程、よろしくお願い致します。

敬具〉

次は、２００８年のもので、娘の結婚式に出席したことを報告しました。

〈（略）私は、ＥＣＣの夏休みを利用して、バリ島へ行って来ました。今回のこの海外旅行は、現地での娘の結婚式への参加が第一の目的ではありましたが、大変楽しく、良い想い出になりました（新婚カップルと両家の家族7人の団体旅行）。ホテル（リッツカールトン）やお店では日本語が使えるとはいえ、ホテルの滞在者とのプールサイドでの会話、免税店でのスタッフとの会話、現地の人との会話等々、英会話が大変役に立ちました。それに加えてこの度の海外挙式は、娘が今までの自分の成長に感謝し、家族を招待してくれたので、この上ない喜びでした。「英語が通じるって嬉しいね！」と、彼女が言っていたのを書き加えておきます。（略）〉

最後は、2012年のものです。これは夫との旅でした。

〈（略）私は、ECCの夏季休暇を利用し、『ドイツ・ロマンチック街道とスイス・アルプス二大名峰8日間』に参加して参りました。自分が行ったことのない場所や国を訪れ、その文化遺産・風景そして現地の食事を楽しむこと等々、本当にわくわくします。

今年も、昨年と同様、関空からドイツのフランクフルト空港への直行便（約12時間）に乗りましたが、そこで隣席のドイツ青年と知り合いました。彼は5日間の休暇を利用して、初めて日本を訪れたこと、京都に3日間滞在して親切にされたことなど話してくれましたが、「残念なことは、英語が通じなくて、食事を注文する時にも大変困った！　日本は英語教育がされているから英会話ができるので心配ない、と言われていたので驚きだった」と本音を語ってくれました。ドイツはドイツ語を話すので立場は日本と同じです。英語教育は小学5年生からだけど、学校だけでは不十分なので、自分の将来を見据えて自分で努力する（塾などへ行く等々）とのことでした。日本人ももっともっと努力して世界の共通語である英語を習得する必要があると思いました。2時間くらい、教育・文化など彼と意

スイスから臨むマッターホルンを背景に夫と。

ノルウェーの旅。

見を交換しましたが、ツアーで同行した人に、後から「お二人はどんな関係ですか？」と聞かれました。本当に楽しいひとときでした！（略）〉

このように、夏休みの海外旅行は私に様々な体験を与えてくれました。また、そうした体験を生徒たちに語ることが、新たな意味をもたらしたような気がします。

ＥＣＣジュニアの「英語・英会話」講師は、年2回、6月と11月に研修に参加します。その時のスタッフの言葉が脳裏に焼き付いており、今でも時々思い出します。それは、「教えることは、2度学習することである」というものです。教えることで正しい知識が自分のものとして身に付き、やがて自信につながり、良いレッスンができるようになるということです。今思えば、これは新米講師への励ましの言葉だったのかもしれませんが、私も長い間、さまざまなことを考え、知識を身に付けながら講師を続けたことで、自信をもって教えることができるようになりました。海外旅行もまた、その大きな要素であったと思います。

毎週のことですが、「三木教室」の開始と終了の時間帯になると、送迎のために保護者が運転する車が我が家の前にずらりと並びました。それを見ながらいつも、「三木教室」を通して生徒との交流、家族を含めた交流の輪が、私の人生に生きがいと楽しさをもたらしていることを実感していました。

第8章　夫と私、娘と私

〝仕事人間〟の夫との付き合い方

我が家の家族構成は夫婦と娘の３人ですが、何度も述べましたように、娘が大学に入学するまではほとんど〝母子家庭〟状態でした。そして、夫がクボタに在籍していた最後の３年間は、茨城県の職場に単身赴任をしており、娘は埼玉県所沢市にある防衛医科大学校に入学したので、結局、我が家は私１人だけの生活になりました。つまりは、夫が典型的な〝仕事人間〟であったため、自宅で３人が共に過ごす時間が極めて少なかったということです。

夫が会社勤めをしていた頃は、毎日午前６時に起床、６時半には家を出て、帰宅はいつも午後11時過ぎ、という日々が続いていました。近所の方から、「お宅のご主人の会社は、どれくらい遠くにあるのですか？」と聞かれたほどです。

実は、夫の通勤時間は、電車とバスの乗り継ぎで40分ほどに過ぎません。職場の始業時刻は午前８時ですが、夫はその１時間前には自分のデスクの前に座る、というのが習慣になっていたようです。会社の規定によると、終業は午後４時15分ですが、機械エンジニアの夫はそうした時間の拘束を全く気にせず、仕事に没頭していたようでした。ただ、最終バスの時刻（午後11時）に間に合うよう、会社を出るように努力はしていました。

それでも、ときおり深夜に夫から電話がかかってきます。

「最終バスに乗り遅れたので、会社の南門まで迎えに来てほしい」

電話を切った後、すぐ家を出て車で会社へ向かっても、着くのは真夜中の12時頃になります。私は小学生の娘を１人だけ家に残すわけにはいかないので、車の後部座席に同乗させました。さすがに、娘が中学生になってからは、多少罪悪感を覚えながらも、娘が選択した「１人で留守番をする」ことに同意しました。娘には、テレビを見るか本を読んでいるように告げ、キッチンでの火気厳禁を伝えて、結局私１人で夫を迎えに出向くことになるのです。そんなことが、年に数回はありました。

当時、「当たり屋」という、故意に交通事故を起こしてお金を要求する人たちが話題になっていました。彼らは自分の方から車をぶつけておいて、まるでこちらが悪いように因《いん》縁《ねん》をつけて修理費を要求する、というのです。特に女性ドライバーが狙われやすいといわれていましたので、私はその対策として、男物の帽子をかぶり男物の服を着て、女性に見えないようにして車を運転したものでした。ですから、深夜の夫の迎えはいつもドキドキでした。

夫はずっと機械製品の開発業務に携わってきました。そして、新しい機械の試作機を作ったり、新機種の量産のための作業が始まったりすると、平日の長時間勤務はもとより、土日でも出勤が続くこともありました。

本人にとっては、それが決して嫌ではないようなのです。むしろ、楽しいことらしいのです。「24時間戦えますか！」という栄養ドリンクのCMソングがありました。夫も、24時間働けるものなら働きたかったのかもしれませんが、私は、夫が独身ならともかく、結婚して家族があるのだから、多少の心配りができる人であってほしいといつも願っていました。

休みの日ぐらいは家族3人で過ごしたいと思っていた私は、がっかりすることがあまりにも多く、「もう絶対に夫をあてにしないし、期待もしない生き方をしよう」と決めました。私の親族は誰も大阪にいないので、話し相手は娘だけです。なんと不幸な家庭なのだろうと、涙を流したこともありました。

昨今叫ばれている「働き方改革」とはまるで正反対、考えも及ばない時代でした。夫はいわゆる〝猛烈社員〟で、当時の日本企業には、それなりに存在するタイプの人だったのでしょう。私もそのことは頭では理解していた筈ですが、家庭を顧みない、顧みる時間を持とうとしない夫の姿に、決して納得はしていませんでした。このような状況下で、私と娘はより強い絆で結ばれ〝二人三脚の生活〟を送っていました。今から思えば、娘がいたことが、私に「幸せと喜び」を与えてくれたのです。

忘れられない「カエルコール」の日々

そんな夫でしたが、私が英語の学び直しを始めてしばらくたった頃、ある提案をしてくれました。英語で「カエルコール」をするというのです。夫の会社では国際化が叫ばれ、夫が手掛けている製品も海外輸出が拡大しつつあることから、その開発者にも英会話をこなすことが求められていたようでした。夫の言う「カエルコール」は、私の英語の勉強にも役立つと思ったのでしょう。

我が家の最寄り駅は泉北高速鉄道線の光明池駅ですから、カエルコールは公衆電話からのこんな言葉から始まりました。


「I've just arrived at Koumyouike station.（いま、光明池駅に着いたよ）」

「I'll come home soon.（もうすぐ家に着きます）」

「What did you do today?（今日は何をしたの？）」

「How about Hiromi?（博美はどう？）」

「Is there any big news today?（今日は何か大きなニュースがある？）」

こんな言葉で始まる会話は、知る限りの単語を並べながら1分間を目標に続きます。私は、夫が発する言葉にすぐ返事をするようにしましたし、時には自分が今日何をしたかについて説明したり、逆に突然夫に質問をしたりして、夫婦間での短い英会話（small talk）を楽しみました。

時にはこんな言葉もあり、ニューヨーク時代の思い出に話がはずみました。

「Have you ever been to USA?（アメリカへ行ったことある？）」

もっとも、夫は長い英文で話すのが面倒なようで、どうしても単語トークが主流になります。そんな折、私の方から基本文型に直すことが多かったように思います。そして、トーク内容が政治や海外のビッグニュースになると理解するのが難しくなり、いつしか英語が日本語の会話に切り替わってしまうのです。時おり、思い出したように英語に戻るのですが、またついつい日本語になって、夫との電話の会話が長く続くことにもなりました。それは、自宅で交わす会話よりも真剣なものだったかもしれません。

夫の英語は「習うより慣れよ」

この英語によるカエルコールは、1年数カ月続きました。そして、何十年も過ぎた今でも、あの時の2人の努力のお陰で、夫の口からすぐに英文が出てくるようになったのだと思っています。まさに、ことわざにもあるように「Practice makes perfect.（「習うより慣れよ」あるいは「継続は力なり」）」で、夫はそれを、身を以て体験することになったのです。「ママのお陰で、何も考えないでも、駅に降りたら反射的に英語が口からスラスラと出てくるようになった」と、嬉しそうに私への感謝の言葉を口にしたりしました。

そんな夫ですから、英語での会話は決して嫌いではないようです。今でも、外国人に出会うと、見知らぬ相手でも、私より積極的に話しかけます。夫のボキャブラリーは多くないのですが、少ない語彙でも何とか伝わるようで、私はその勇気に感心することがあります。

つい先日も、京都で同じ電車に乗り合わせた、ブラジルからの観光客がとても印象的な姿なので、交渉して写真を撮らせてもらったそうです。その写真を私に見せてくれたのですが、それはなんと、伸ばした頭髪を両足のくるぶし近くまで垂らした男性の写真でした。彼は、生まれてから髪の毛を切ったことがない、ということでした。

そんなふうに、物怖じせずに外国人に話しかける夫も、話のタネが尽きそうになる頃には、私を呼んで相手に紹介したり、あるいは私の方から話し相手の表情や言葉の流れを読んで、会話を引き継いだりします。文化や経済や歴史、さらに政治的な話に及ぶこともあり、私も結構楽しんでいます。

でも私の場合は、困っている人を見た時以外は、自分から声をかけることはほとんどありません。それには理由があります。ネイティブスピーカー（英会話の先生）から、こんなことを言われたからです。

「電車やバスの中で、知らない日本人から声をかけられることがあります。最初のうちは丁寧に対応していたけれど、いつも同じようなことばかり質問されるので、きっと英会話の練習台にされているのだと思います。今は、話しかけられると疲れるだけ!! できたらそっとしておいてほしい！」

私も、自分を先生の立場に置き換えてみたら十分理解できる話なので、前述したように、時と場所などの状況を踏まえて、この人は助けを必要としているとわかった時だけ声をかけるようにしています。

そのひとつの例が、５年ほど前の夏の暑い日にありました。その日、夫と私はホテルニューオータニ大阪で開催される「食事付きイベント」に参加するため、大阪城近くの駅で電車を降りました。私は駅のトイレへ入りましたが、出てくるのを待っていたように、夫が私の背中を何回も強く押すのです。

「どうしたの？」

「あそこの切符売り場にいる家族（外国人）が駅員さんに何か言っているけれど、どうも話が通じないようだ。事情を聞いてあげた方がいいよ！　早く！」

「あっ、そうなの。わかった！」

私は、その家族に英語で話しかけました。するとご主人が、手に持っているカード（大阪を周遊するための2日間3600円の周遊乗車券）を私に見せて、こう言いました。

「明日の飛行機でドイツに帰国するので、このカードをキャンセルして残金を払い戻してほしいけれど、駅員さんに理解してもらえないのです。彼が言っている英語もわからないので、困っています」

「わかりました。私が駅員さんに聞いてみます」

私が駅員さんに取り次いだら、彼は、残金の払い戻しには手数料がかかるということを説明したかった、ということでした。そこで、ご主人に払い戻しの際の手数料（commission fee）のことを伝えると、彼は笑顔で、「わかりました。残金からそれを引いて残りを返金してください」と言いました。結局、無事に家族3人分のカードの精算が済み、払い戻されたようでした。

私と夫は「Have a nice day.」と言って、すぐその場を離れましたが、歩いている途中でその家族が私たちに追いつき、「Thank you very much.」と何度もお礼を言ってくれました。このトラブル解決のカギになったのは、たったひとつ「手数料＝Commission fee」という単語を私が知っていたことでした。私がその単語を使って、日本の交通機関の解約・払い戻しのルールを説明したら、ご主人はニコッとほほえんで納得されました。私がすかさず駅員さんにその旨を伝えた結果、トラブルはわずか5分で解決しました。私は、「Knowledge is power.（知は力なり）」をここでも体験することになりました。

小学生の娘は「本の虫」に

私は結婚まで島根県の実家で暮らしていたので、結婚後に来た大阪には、親しいといえる知り合いはほとんどいませんでしたし、娘が生まれてからも夫は仕事で多忙なため、家庭内では長年にわたって母子2人だけの生活でした。ただ、娘はあまり手のかからない子供でした。生来おとなしい性格であったことも確かですが、一人っ子であったことが幸いしたのかもしれません。

娘はニューヨークで生まれたとはいえ、満1歳で帰国したのですから、その頃のことを覚えている筈はありません。それで私は、彼女が物心ついた頃からたびたび、アルバムを広げながら、アメリカでの暮らしのことや、彼女の育った過程について話をしました。すると、写真に写っている自分の様子に興味が湧いてきたのか、娘は「これは何をしているの?」とか「ここはどこなの?」と質問するのです。小さい頃の彼女は、写真を通してアメリカの生活を追体験しようとしていたのかもしれません。

現在の家に引っ越してきてからは、近所に娘と同学年の女の子が2人いたので、3人はすぐに仲良くなり、母親同士の交流も始まりました。お互いの家を行ったり来たりはもちろんですが、一緒にプールに行ったり、スケート場に行ったり、「だんじり祭」に参加させてもらったりと、楽しい思い出がたくさんできました。娘の存在が、色々な意味で私の人生に彩りを添えてくれたことは確かで、とても感謝しています。

娘が物心つく前から、電車で2駅先にある、髙島屋百貨店が入居しているショッピングモール（パンジョ）によく出かけていました。そこには紀伊國屋書店が入っていて、子供向けの本もたくさん並んでいました。最初は、『絵本日本昔ばなし』『イソップ物語』『グリム童話』などの中から、彼女が興味を示す本を1回行くごとに1冊買うことにしました。そして、この1回1冊は、娘が中学校に入学するまで続き、娘の本好きに〝火をつける〟結果になりました。娘は、「幼児教室」のお陰で3歳10カ月頃には、ひらがなが読めるようになっていたので、新しい本を手にするたびに大喜びで、食い入るように読んでいました。次に書店に行くまでその本を片ときも離さず、何度も何度も読み返して物語を暗記し、いつも得意げに私に話してくれたのです。

　私が書店で本を探している間は、娘を私の目の届くような場所に連れて行きます。娘はそこであれこれ本を探し出して、読むのに夢中でした。そして娘は、いつの間にか「本の虫（book worm）」と呼ばれるようになっていました。小学校5年生の時の授業参観で、あるお母さんにこんなことを言われました。

「三木さんとお友だちになってからは、三木さんの『本好き』に影響されて、本を読まなかった娘が急に本を読むようになりました。それも歴史の本ですよ！　2人で図書室に行って片っ端から読んで、今では同じ本を2度も3度も読んでいる、と言っていました。学校から帰宅してからその本の内容を教えてくれますが、親の私でも難しい歴史の話なのに……。三木さんには感謝しています。本当にありがとうございます。これからもよろしくお願いします」

　何度も頭を下げながらお礼を言われた私は、「知りませんでした。でも、お役に立てて嬉しいです」と返事をするしかありませんでした。

　娘が興味を抱いた対象はかなり広かったので、本で読んだ知識を基に、大人同士の会話に堂々と割り込んでくることもありました。特に歴史の本と図鑑については、紀伊國屋書店に行く度に意識的に1冊ずつ買い込んで、書棚に何十冊も整然と並べていました。そしてその中から毎日1冊ずつ選んで、繰り返し読んでいるようでした。

小学校は公立でしたが、前述したように娘の強い希望で3年生から大手の進学塾に通い、成績も順調に向上しました。そして、塾の先生の勧めで受験した中高一貫校の四天王寺中学に合格しました。学校は、聖徳太子が593年に建立したという大阪の四天王寺の境内にあり、娘は自宅から片道1時間半かけて電車通学しました。

四天王寺中学では、入学時からいくつかのコースに分かれての教育が行われていて、娘は英数コースで中学・高校の6年間を過ごしました。学校では、たくさんの友だちができたこともあって、楽しい学生生活を送ることができたようでした。

どちらかというと勉強好きで、成績も良い方でしたが、本人にいわせると、英語については暗記が多くて好きではなかったそうです。成績も他の教科に比べると、もうひとつでした。私としては、アメリカ国籍を持っている娘には「英語は得意！」と言ってほしかったのですが、残念ながらこちらが期待するほど、英語には興味を抱かなかったようでした。

前にも述べたように私は、教育については学校や先生の方針・教え方に従った方が良いと思っていました。私自身がＥＣＣの英会話講師として、親との懇談会で次のように言っていたのです。

「教室では、研修を受けた講師がマニュアル通りに教えることで『英語・英会話』が定着し、成績も向上するように考えられています。ご両親が何十年も前に自分が学校で習った時のように教えることは不要です。ＥＣＣは時代に即した教え方でレッスンをしているのでこちらに任せてください。むしろ、『宿題したの？』『英語をママに教えて！』『英語は楽しい？』といった〝声かけ〟をしてください」

ですから自分の娘にも、英語の成績について本人を問い詰めるようなことはしませんでした。ガミガミ言っても、反抗心が出て悪い方に行くのがわかっていたからです。

ただ娘は、私が熱心に英語を勉強しているのを見て、「ママの学ぶ姿勢は素晴らしい！」「すごい！」とは思っていてくれたようです。

夕方まで知らなかった京都大学合格

娘が中学3年生の3学期の保護者会で、担任の先生から気になるお話を聞きました。高校進学にあたって、「成績が落ちてきている」とおっしゃるのです。心配になって本人にただすと、驚いたことに「本の虫」と言われていた娘は、毎日、学校から帰ると、寝るまでに2冊も3冊も小説を読んでいたというのです。今さらどうすることもできませんし、本人の自覚に期待するしかありませんでした。その後、高校では努力したようで、成績も再び伸びていきました。大学進学にあたっては、友人に理系の方が向いているのではないかと勧められ、6~7割が理系を選ぶという四天王寺高校の環境もあって、理系への進学を選択しました。

そろそろ受験する大学を決めなければならない時期になって、馬が大好きな娘は、獣医学部を志望しました。娘の馬好きは、幼稚園の頃にイベントで馬の背に乗って公園を一周したことから始まっていて、生きた馬を買ってほしいとおねだりしたほどでした（大学を卒業して研修医になった頃に、民間の乗馬クラブに入会して、馬とのふれ合いを楽しんだようでした）。

ただその後、獣医師志望については、仲の良い友だちの誘いで再考した結果、高校3年生の秋になって急に、京都大学農学部でバイオテクノロジーを学びたいと、進路を変更しました。そのため、京大入試に沿った勉強をする期間もあまりなくて、残念ながら1999年春の受験では不合格でした。ただ、農学部受験を誘ってくれた友だちも同じ状況で、2人で浪人生活を送ることになり、仲よく同じ予備校に通うようになりました。そして、一緒に切磋琢磨した結果、2001年には2人とも第1志望である京都大学農学部の試験に合格しました。

実は合格発表日の夕方、予備校から娘に電話が入ったのです。

「三木さん、京都大学に合格しているよ。なんで先生に連絡してこないの？」

「えー、そうなんですか？　知らなかったです。大学から合否の電報を受け取る手続きをしていたので、朝からずーっと待っていましたが、夕方になっても配達がないので、おかしいなと思っていました……」

この日は、娘にとっても私にとっても、とても長い一日でしたが、「合格」を聞いて2人で手を取り合って喜びました。このようにして、「一件落着」したのですが、後で娘が自分の記憶をたどり、机の上を整理してみたら、電報の申込書とお金の入った封筒が見つかりました。

国立大学の入試は前期・後期の2回実施されるのですが、娘は2回とも京都大学を受験する予定でした。合否の電報も2回分申し込むつもりで、申込書をもらってきたのですが、投函した申込書は、後期の試験結果用だけだったことがわかったのです。机の上に残っていた封筒は、前期用でした。結果的に見れば、前期の入学試験に合格したので、その封書は不要だったということになります。ともあれ、これはこれで良い経験になったというべきでしょう。

娘は防衛医科大学校を選んだ

念願だった京都大学に合格はしたものの、娘は「私は医者になりたい」と言いだしました。実は彼女は、京大の合格発表の数週間前の2月14日に、防衛医科大学校の合格通知を受け取っていたのです。

娘が卒業した四天王寺中学・高校は、昔から医者の娘さんたちが通う学校として有名で、医学部合格者数は全国有数といわれています。娘の友だちにも医学部志望者が多く、彼女はそうした環境に影響を受けたのかもしれません。それまでは医学部を目指したそぶりはなく、急な方向転換に驚きました。

前年の10月のある日、娘から突然、話を切り出されたのです。娘は私を説得するように、ゆっくり丁寧に話しました。

「友だちから、防衛医大を一緒に受験しようと誘われたので、ぜひ受験したいと思っているの。話を聞いてみたら、入学後のカリキュラムがとても面白そうなの。それに、1次試験が11月初めで、2次試験は12月初めだから、京大の入試には支障ないことがわかったの。だから受験させて！」

防衛医科大学校は埼玉県所沢市にある、自衛隊の医官（医者）を養成するための全寮制の学校ですが、制度的には普通の医科大学と同じように扱われているそうです。その上、学生は自衛隊員として入学するため入学金も授業料も必要なく、医学生の身分でも国家公務員としての扱いになるので、毎月の手当まで支給されるということです。

娘が言うように、防衛医大の入試は11月に1次試験（筆記試験）が行われ、12月に2次試験（論文と面接、身体測定）が行われるので、娘の第1希望の京都大学の入試（前期入試は2月で、後期入試は3月に実施）には支障がないということで、私は受験を認めました。ただし、防衛医大の1次試験まではわずか2週間しかなくて、娘は「過去問題」を少しやったのみでしたが、幸いなことに合格しました。そして2次試験にも合格した上で、京大の入試に臨んだわけです。

余談ですが、この1次試験では思わぬ幸運な出来事がありました。

私が英字新聞を読んでいることが、娘の受験に役に立ったのです。というのは、英語の試験で「カプセル胃カメラ」が取り上げられて出題されたことです。「カプセル胃カメラ」は、その頃最新の医療テクノロジーとして話題になりました。テレビでこのニュースを初めて見た時、娘に「すごいニュースがあったよ！」と知らせました。私自身、胃カメラを口から挿入して検査をしたことがあり、その時の「恐怖と苦痛」を思い出して、このニュースは大歓迎だったからです。そして次回の英会話レッスンの際に、この画期的な医療テクノロジーとアイディアを紹介しようと思ってメモを取りましたが、その翌日には読売新聞に、さらに2～3日遅れで「デイリー・ヨミウリ」に記事が掲載されたので、それを切り取り、娘に見せながら再度この素晴らしいテクノロジーの説明をしました。

そして、娘から次のような感謝の言葉を聞くことになりました。

「ママのお陰で、苦手な英語のテストで良い点が取れたよ。長文問題で『カプセル胃カメラ』について出題されたけど、読んでみてすぐに〝あっ、ママから教えてもらったあの話だ！〟と思い出したよ。予備知識があったお陰ですぐに理解できたので、解答するのに時間がかからなかった。もしも何も知識がなくて、考えながら英文を読んでいたら、その画期的なアイディアが正しく理解できていなかったかもしれないからね。予備知識が助けになったので、ママに大変感謝しています」

彼女は満面の笑みを浮かべ、さらに頭まで下げて私に謝意を伝えてくれました。私も娘のお役に立てたことをとても嬉しく思いました。

話を元に戻します。

京大に合格したことで、京大か防衛医大か、どちらに入学するか、娘はかなり迷った様子でした。ただ心の中では、防衛医大の1次試験に合格した後から、娘なりに熟慮を重ねた結果、医学の道に進みたいと思い始めていたようです。

「医者になりたい」という娘の言葉に、京大に入るものとばかり思っていた私はかなり戸惑いましたが、夫とも相談して、娘の意志を尊重しようということになりました。親としては、経済的な負担の有無に関係なく、本人が希望する大学に入学してほしかったので、娘が親元を離れることを承知の上で、同意したのです。

結局、京都大学への入学はキャンセルしたことになりました。その後、京都大学事務局から娘に直接電話があり、なぜ入学を断ったのか、その理由を聞かれたそうです。

娘の学生生活、そして結婚

防衛医大に入学した娘は、２００１年４月から６年間の学生生活を送ることになりました。普通の大学生とは違って自衛官でもあるので、はたして娘が集団生活を無事に乗り切れるか、少し心配でもありましたが、「自分で選んだ道」なので音を上げるようなことはないだろうとも思っていました。

その年の５月、運動会が開催されるということで、私は１人で夜行バスに乗って所沢に向かいました。運動会では、娘が参加した応援団の「演舞」が披露されました。

防衛医大の運動会は、1年生から6年生まで各学年を赤団、黄団、白団、緑団という4つに分けてチームが編成されます。チームは色々な競技で点数を競い合いますが、そのひとつに「応援団の演舞」があるのです。演舞は1年生がメインで、それを2年生が指導する形になっています。演舞にも点数が付けられ、最終的な勝敗に直結するので、それに参加する1年生にとっては責任重大です。

演舞自体は、音楽を流してそれに合わせて振り付けしたり、数人で叩く和太鼓に合わせて振り付けしたりするものがほとんどです。詳細なルールというものはないようですが、声援の大きさ、行うパフォーマンスの難易度や動きの統一が取れているかなどが採点の対象で、1年生にとっては、入学直後から丸1カ月間、練習に練習を重ねた末の本番です。

娘は白団に所属して頑張っていました。演舞はとてもすばらしいもので、感動しました。「お疲れ様でした！」と、運動場の正面に立つ娘に拍手しながら声かけをしたことを思い出します。私にとっても、楽しい一日になりました。

その年の10月の文化祭には、夫と2人で行きました。娘はクラブ活動では書道をやっており、作品を出品していました。中国西晋の詩人、左思《さし》（250年〜305年）の詩文「山水有清音（さんすいにせいおんあり）」の書を掛け軸に仕立ててありました。「山水有清音」とは、山や川の音は自然の奏でる清らかな音楽であるという意味で、下手な造作を加えない、ありのままの世界を愛でた言葉だそうです。この書は「書道部長賞」をいただいたそうで、とても立派に見え、感動しました。作品の前で家族写真を撮りました。

当日、娘は学生寮の自分の部屋に案内してくれました。狭いですが一人部屋で、ベッドの上の毛布や布団が見事に折りたたんで整理されており、1センチのズレもありませんでした。さすが自衛官です。これにはビックリしました。朝はラッパの音で起こされ、規則正しい生活を送っているとのことでした。厳しい校則があり、甘えは許されませんが、全員がお互いに助け合い、男女平等の精神で「医官」になる勉強に励んでいるということでした。親元を離れてからわずか数カ月ですが、人間としてかなり成長したように感じられました。

娘は、運動クラブでは弓道部とバドミントン部に入部したので、結果として書道部と合わせ〝3足のわらじ〟を履いたのですが、それぞれの練習や試合に積極的に参加して、有意義に過ごしているようでした。学生の中にはクラブ活動をしない人もいたようですが、彼女は全部自分の好きなことなので、全力でこなしていたのでしょう、その間の「悲喜こもごものストーリー」を、表情豊かに私たちに話してくれました。大学構内にある喫茶室で、3人で飲んだコーヒーが美味しかったことを、今でも鮮明に覚えています。

娘の大学時代には、こんな思い出もあります。離れて暮らすようになってからも、英会話教室の休みに２人で行く海外旅行は毎年続けていて、ある冬休みに「イギリス旅行」のツアーに参加しました。フリータイムに、エリザベス女王の戴冠式やダイアナ妃の結婚式が行われた「ウエストミンスター寺院」へ２人だけで行きました。その時の娘は、地下鉄での放送を聞いたり、チケット売り場の掲示板を確かめたりして、何でも私より先にてきぱきと行動していました。英語の理解力が相当アップしたようです。会話は苦手のようでしたが、高校時代はあまり好きではないと言っていた英語にも、きちんと取り組んでいることがわかり、誇らしく思ったものです。

そして、いよいよ娘の結婚のことです。娘は大学で３つのクラブ活動を続けましたが、その中の弓道部の部長で大阪出身である1年先輩のEくんと親しくなったのです。そして、医師免許を取得した後、28歳で結婚しました。

結婚式は、２人が全て段取りし、本人たちと双方の家族の合計7人の出席のもと、２０08年8月にインドネシア・バリ島の海の見える教会で挙式しました。新婚旅行は、新婚の2人だけでタクシーに乗り、私たち家族はマイクロバスに乗って、同じコースを観光しながら巡るということになりました。途中、レストランで合流し、ランチを食べながら休憩しました。眼前に広がる広大な庭を眺め、肌に心地好い風を感じながら食後のコーヒーを飲むのは、まさに至福の時間でした。

娘の結婚式の当日、ホテルの庭園に咲き誇る
ブーゲンビリアの前にて、夫が撮影（バリ島）。

次の日はフリーだったのでバリ島内を観光し、最後の日は皆で、早朝の飛行機に乗ってジャワ島へ行き、２つの世界遺産を見学しました。ひとつは世界最大級の仏教遺跡、ボロブドゥール寺院、もうひとつが東南アジア最大級のヒンドゥー教遺跡、プランバナン寺院です。２つともスケールが壮大で美しく、とても見応えがあって感動しました。こうして約１週間、インドネシアで楽しい旅を満喫しました。

蛇足（needless to say）ですが、昨年（２０２３年）６月22日のテレビニュースを見て、その時の感動が再びよみがえりました。それは、インドネシアを訪問された天皇陛下が、かねてから行きたいと願われていたボロブドゥール寺院を訪ねられた、というニュースでした。陛下は満面の笑みで、次のように言われました。

「以前からぜひここに来てみたいと思っていました。想像したよりずっと壮大で素晴らしく、実際に見ることができて良かったです」

夫と娘のニューヨーク再訪

結婚後の娘夫婦は、Ｅくんが内科医、娘が放射線科医として母校で働いています。子供にはまだ恵まれていませんが、医業に専念しており、論文執筆や学会での発表などで多忙

を極めているようです。海外に向けた論文の執筆も多いようで、ヨーロッパ（オーストリアの首都ウイーンなど）での学会に夫婦そろって出席することも何度かありました。最近は夫婦で、年に2回ほど海外旅行をしているようです。

ある時娘から、シカゴで学会があって訪米するので私に同行してほしい、という連絡がありました。その時、私は英会話講師としてどうしても抜けられない仕事があり、同行は不可能だったので、夫にそのことを伝えました。すると、驚いたことに、夫もその学会の会場に出張する予定があるということでした。夫はその頃、京都の医療機器メーカーのS社で、MRIやCT診断装置の製品開発のための技術指導（コンサルティング）をしていましたが、それらに関連した製品がシカゴの学会の会場、マコーミックプレイス（McCormick Place ⇒ 北米最大のコンベンション会場）に出展されるため、現地に出張することになっていたのです。

早速、この吉報を娘に連絡し、夫が娘の学会出張に同行することになりました。夫にとっては、21年ぶりのアメリカ渡航でした。しかも娘と2人ですから、夫は願ってもないこの好機を生かし、シカゴでの学会の後に2日間出張を延長して、娘の生まれたニューヨークを案内することにしました。訪問先は、娘が産声を上げたマンハッタンの「ルーズベルト病院」と、ハドソン川の対岸に位置するニュージャージー州フォートリーのマンション

「キャレェジハウス」です。

夫によると、学会には世界中から医学関係者が集まり、シカゴの街中が大賑わいだったそうです。そして学会関係者への特典として、タクシー以外の市内の交通機関がすべて無料で利用できるように配慮されていたとのことでした。そんなシカゴでの仕事を終えた夫と娘は、次の目的地であるニューヨークを訪れました。

夫の話によれば、娘と歩いたニューヨークの街は、想像を超えた変わりようだったそうです。20年前には街中にあふれていた落書きがすっかり消されており、道路に落ちたゴミが風で舞い上がる風景もなくなり、街には大きなゴミ箱が置かれ、クリーンスタッフが頻繁に掃除をしていたそうです。こうしたニューヨークの変貌は、私たちの帰国後、新しい市長の英断で実行されたとのことでした。

夫はかつて住んでいたマンションに娘を案内しようと、マンハッタンからフォートリーへはタクシーを利用しましたが、住んでいた地区の街並みの変化に加えて、当時の記憶が薄れていたことが拍車をかけたのか、迷走を重ねてしまったそうです。20年前、自家用車を使えばマンハッタンから40分ほどで着いたはずの、かつての我が家へ行くのに、タクシーで3時間もかかったとのことでした。英語のことわざに「Out of sight, out of mind.」というのがあります。日本語では「去る者日々に疎《うと》し」と訳されていますが、その時の夫

自由の女神を背景に夫と娘。

の心情はまさにこのことわざどおりで、それが「者＝人」ではなく、広い意味での「ニューヨーク」であり「キャレェジハウスへの道順」だったように思えます。

娘夫婦はその後、それぞれが努力を重ねた結果、同じ時期に博士号（医学）を取得しました。切磋琢磨し合いながら（friendly competition）、目標に向かって精進したとのことでした。私たち夫婦は医学の門外漢ですが、娘たちがこうして世の中に貢献できていることを喜んでいます。

そして、自慢に聞こえるかもしれませんが、私は親として、自分が決めた人生を歩き始め努力している娘を誇りに思っています。娘が自立し、世界に羽ばたいている姿に思いを馳《は》せることは、私にとって実に心地よく、この上ない喜びです。

何よりも、一人娘が英語圏で誕生し、本人が医学の道を歩み始めてからは「英語で論文を書く」ようになりました。そして、私たち夫婦もそろって「英語にご縁」ができました。夫は海外での仕事、私は英語・英会話講師となったことに何か運命的なものを感じています。

はじめは、娘に「かっこいい」と言ってもらいたくて学び始めた「英会話」でした。そこで、正月休みに夫婦で帰省した娘に、私を「かっこいい」と思っていたかと尋ねてみたことがあります。すると、こんな答えが返ってきました。

「別に『かっこいい』とは思わなかったけれど、『すごいな』とは思っていたよ。だって、家中のキッチン用具や家具やありとあらゆるものに英単語が書かれていて、トイレや洗面室の鏡の横にも、雑誌の裏にもお母さんが書き留めた英語表現がずらっと貼ってあったんだもの。お父さんが物怖じせずに外国人に話しかける大胆さと、お母さんが英語で政治や歴史などの幅広い話題を会話する能力は、私にはないものなので、純粋に『すごいな』と思っているよ」

娘にはとうとう「かっこいい」とは言ってもらえなかったのですが、英語は今の私の人生に大きなプラスをもたらしてくれています。今後も、「英語は私たちの友」として一緒に歩きたいと思っています。

第9章　これからも英語とともに

夫が会社をつくり、私は「一人二役」に

２００９年４月、夫が会社を始めました。そして私は、その会社「㈱コスト開発研究所」の創立と同時に取締役に就任しました。「ＥＣＣ三木教室」を運営するかたわら、夫の仕事もサポートすることになったのです。教室も14年目に入り、運営や生徒の指導にもそれなりに自信がついてきていた頃でした。夫からも、「教室に負担はかけないから」という言葉があり、役員就任を引き受けました。

もともと夫が会社を設立することになったのは、次のような経緯がありました。

夫は２００４年９月に60歳でクボタを定年退職しましたが、すぐに子会社のクボタ機械設計の社長に就任し、５年後の２００９年３月に同社を退職しました。夫は、その退職を前に１冊の本を出版しました。その『コストを下げれば、品質は上がる』（日本経済新聞出版社発行）という本を読まれた、大手家電メーカーＳ社の社長から夫に、「我が社の製品開発部門のコスト面での指導をしてほしい」という要請がありました。その要請を受けて、夫は退職後に早速、Ｓ社の三重工場へ毎月２日間入り、技術指導を行うことになりました。

ところがその前にS社から、「当社は個人との取引はできない」との理由から、「株式会社を作ってほしい」という要求があったため、急遽「㈱コスト開発研究所」を設立することになったのです。そして、夫が代表取締役社長、私が取締役に就任しました。

私は、平日は生徒に教える教室があるので、会社での業務は土曜・日曜にこなすようにしました。会社での私の業務は大別して次の3つです。1つ目は、夫の講演会のサポートで、講演会で配布する資料の作成、会場の段取り、タイムキーパー、会場での著書の販売などです。2つ目は、技術指導時のサポート。コスト算出の研修などの補助役として、配布資料の準備、会場での配布・回収などをします。3つ目が、会社へのメール、電話、ファックスなどの対応といった連絡業務です。また、必要に応じて夫に同行し、各地へ出張することもありました。このような外の新鮮な空気に触れる仕事が、私に適度な緊張感と刺激をもたらしてくれ、回数を重ねるにつれて楽しみにもなっていきました。

その後、夫の技術指導業務は国内に加え海外からの要請も多くなり、年々業務が多忙になってきました。創業8年目の2016年には、夫の年間出張日数が240日を超えるという状況になりました。国内メーカーの開発現場への出張はもとより、イギリス、アメリカ、中国、それに韓国への出張も加わってきました。本来なら我が家で過ごすはずのお盆休みや正月休みの時期も、ほとんど海外出張で埋まり、韓国に至っては、月2回の出張が定番になっていました。私が夫をサポートしなければならない機会も増えてきました。

なぜ夫の会社業務がこれほど急激に増えたのでしょうか。それを夫に問うと、こんな答えが返ってきました。

まずは、1冊目の本の好評を受けて、2冊目、3冊目、4冊目と2～3年ごとに本が出版され、中国でも翻訳出版されるなどして、それを読んだ読者から、次々に技術指導の要請が舞い込んでくるようになったことが挙げられます。

そして、実際に夫の技術指導を受けた会社の現場や関係者が、その効果を目の当たりにして、改めて技術指導の期間延長や関連事業所への指導の拡大といった要請をしてきたことです。

もうひとつは、夫がクボタでの現役時代に手がけた、赤字事業の黒字化（6事業＝売上総額880億円＝を、10年かけて全て黒字化した）という経歴が評価されて、厳しい事業環境にある会社経営者からの支援要請も出てきたことです。

そして付け加えれば、現役時代に次々とヒット商品を開発した実績（グッドデザイン賞4件、特許など工業所有権247件）が評価されたこと、夫と一緒に仕事をした人たちから、性格が明るく親しみやすい上に信頼できる、と言われるような人柄だったこと、というのが夫なりの自己評価ですが、私もそのとおりだと思いました。かつてはその〝仕事人間〟ぶりにいらだちを感じたことや、家庭をかえりみる余裕のなさに涙を流したこともありましたが、夫が70歳を過ぎても技術指導で各地を飛び回ることができるのは、まさに現役時代の努力の賜物だと、今は思っています。

参考までに、夫の仕事（㈱コスト開発研究所代表取締役社長としての仕事）についても追記させていただきます。夫は、自らの仕事を次の3項目にまとめています。

①技術指導……数社と年間の「コンサルティング契約書」を交わし、各社の製品開発現場へ毎月1～2日（6時間／日）出向いて、「コストダウンのための技術指導」を行う。

②セミナー……各地の工業会や協会などに出向き、設計製図の描き方、コスト算出の仕方、コストダウン手法、設計の問題点を見つけ出す手法の4項目をふまえた、良い品質づくりの「基礎教育講座」などを行う。

③講演……著書を中心にした「事業革新の仕方」「技術教育のやり方」などの講演を行う。

「三木教室」は閉講したけれど

夫へ①の指導要請が増えてくると、必然的に私の夫へのサポート業務も多くなってきました。海外出張が頻繁になってきた頃からは、土曜・日曜の休日に限っていた私の会社業

務も、海外との時差の関係もあって、平日に食い込んだりするようなことも起きました。

一方で、「三木教室」では、生徒数の減少傾向が顕著になってきました。その主な原因としては、①近く（半径400メートルほどの範囲内）に大手学習塾が2カ所も開講したこと、②地域住民の高齢化に伴って、小中学生の減少傾向が続いていること、③日本経済の長期低迷から、家計的に教育費に支出するゆとりがなくなってきつつあったこと、などが考えられます。これらのことが重なって、2017年4月時点での「三木教室」の生徒数は2桁を割り、とうとう8人になってしまいました。

この時点で、「三木教室」を翌2018年3月末に閉講することを決意しました。1996年の開講以来22年間続けた教室でしたから、その決断には淋しさもありましたし、口惜しさもありました。でも、第7章で述べたように、教室は私に本当に多くのものを与えてくれました。それらを大事にして、これからを生きていこうと改めて思ったのでした。

そして教室閉講から2年後、中国武漢から発したコロナウイルスによるパンデミック（pandemic＝感染症や伝染病が世界に広がること）が起きました。コロナウイルスは変異を重ねながら日本全域にまん延していきました。当然のことながら、夫の技術指導業務も大きな影響を受けました。2020年3月頃から、海外はもとより国内の業務もほとんど中止や延期になりました。

ようやく2022年の春頃から、コロナの減少期に限って国内において断続的に再開し、昨年（2023年）2月になって、やっとコロナ前の水準に回復してきました。しかし、いまだに海外出張は再開できていません。このような状況なので当面、国内業務に集中していく考えである、と夫から説明を受けました。

このように、「三木教室」閉講以後、仕事に関してはいろいろなことがありましたが、私にとって英語が持つ意味は、変わっていません。「英会話」の力を磨いていくことは、私の一生の「生きがい」です。それと同時に、夫の会社に海外からのメールが入ってきた時の翻訳や返事の作成などに役立ち、第2の英語人生として貢献できていると思います。

スカイプでの英会話レッスン

6年前（2018年）、「三木教室」を閉講する3カ月前の正月に、ひょんなことからフィリピンの英会話講師とスカイプを通して、英会話レッスンを始めることになりました。スカイプというのは、マイクロソフト社が提供する音声・ビデオ通話・ファイルの共有などを無料でできるソフトウェアで、海外との商談や面接、さらに英会話教育にも活用されています。

私がスカイプでの英会話に取り組んだきっかけは、娘からの情報でした。当時娘は、博士号取得のための要件として必要な英語の試験対策と、海外の学会に備えて英会話力を向上させるために、スカイプを通したフィリピンの講師のレッスンを受講していました。娘はそれでかなり会話力がついたと、私に報告してくれていました。その娘が正月に帰省した時、突然私に、「ママにぴったりの英会話教室があるよ！」と言って、スカイプでフィリピンの講師に接続してくれたのです。

私は3月末まで「三木教室」のレッスンが残っていましたが、このスカイプでのレッスンシステムは、英会話のレベルを維持・向上させていきたい私にとって、「渡りに船（timely offer）」だと思い、早速始めることにしました。実はその時点で、以前通っていたイングリッシュカフェやNOVAは、時間が合わなくなったためにやめていたのです。

フィリピンは、第2次世界大戦後に独立するまでアメリカの植民地であったために今も英語が公用語ですし、日本との時差が1時間しかないということも、スカイプによる英会話レッスンを始めるのに好都合でした。

スカイプでの英会話講習を展開している「レアジョブ（Rarejob）英会話」への入会には、最初にレベル判定のための簡単な英会話テスト（25分）がありました。レベルは、初級1から上級10までの判定があり、私はレベル6でした。会社からはそのレベル区分に合致した教材が提示されており、それを参考に自分自身でコースを選んで受講できるシステムでした。

受講者は、最初に希望のコース（日常英会話コース、ビジネス英会話コース、中学高校コース）を選択します。契約すると、会社の規則に従い最初の3カ月は毎日受講しなければなりません（1レッスン25分）。私は日常英会話コースのうちの「時事問題（世界中から）」のコースを選びました。毎日の会話のテーマは会社側が日替わりで提供してくれるので、それをコピーして外出し、喫茶店でコーヒーを飲みながら目を通し、予習をしました。内容の把握はもちろん、5つの新単語を覚えなければなりません。この単語は、本文をリーディングする前に発音がチェックされ、その後、本文に関するQ＆Aが4問あります。4問のQ＆Aでは自分の考えや経験を述べて、先生と自由な会話をするという、ハードで濃密な25分間のレッスンでした。

このレッスンを一日も休まず、連続で90日やりこなしました。90日を終えた後は、「バンザーイ」と心の中で叫び、「よく頑張ったね！」と自分をほめてねぎらいました。ただ、自分自身に時間的な余裕ができたとはいっても、毎日の受講は大変でした。毎日の予約時間がまちまちで、生活のリズムがうまく取れませんでした。そこで、4カ月目以降は1カ月8回のコースに変えました。

レッスンの講師はフィリピン在住の専任講師ですが、副業で講師をしている人や、主婦、学生さんもいます。ほとんどがフィリピンの大学の卒業生か、在校生です。まず、自分が予約したい時間帯の講師の顔写真付きの経歴一覧を見て、その中から自分が適当だと思う人を選び、その人の日程表の中で空きを見つけて予約登録します。予約した時間になったら先生とスカイプをつなぎ、レッスンを受けます。初めての講師との会話は、自己紹介からスタートします。私は、いつもフリートークを選んでいたので、レッスンでは主に自分が用意した時事問題について会話しました。

たまに画面に先生が出てこなくて、黒い画面のままでレッスンが終わったりしたこともありました。黒い画面に向かって話すのは違和感がありましたが、これは先生のパソコンにカメラが付いていないためだということが、後からわかりました。その他、理由は不明ですが、まれに顔写真を出さない講師もいます。気に入った講師があれば、同じ講師を予約したいところですが、人気の講師になるとすぐに予約が埋まってしまい、なかなか同じ講師で続けられないこともあります。

スカイプによる英会話を始めて2年半後、突然オンライン方式に変更されました。多少とまどいましたが、受講生にとってはパソコン画面の表示が変わった程度で、大した影響はありませんでした。

アルビー先生との楽しい会話

私はスカイプ（後にオンライン）での英会話レッスンを始めてから現在まで、ずっとノートを付けています。家じゅうをメモだらけにしている〝メモ魔〟としては、あくまで自分のレッスンの「備忘録」として保管するために始めたものですが、これはこれで非常に役に立ちます。後でノートを見返すことで、スカイプでの会話を反芻《はんすう》しながら復習するのにも便利です。古いノートを時々読み返しながら、１回25分の会話はいつもかなり中身が濃いものになっていると、ひそかに自賛しています。

　試みに、２０２０年2月のノートからすこし紹介しましょう。この時のレッスンの先生は、毎回アルビー（Alvie.R）という30代の女性で、子供が2人います。学校のルールで、新入生は90日連続レッスンをすることになっていましたが、アルビー先生とは受講を始めてから数日後に出会いました。最初から「フィーリングが合う」、つまり「波長や考え、感覚などが合う」という点で、私にぴったりの人でした。もっと言い換えれば「相性が良い」または「ウマが合う」ということで、「We have a chemistry.」という表現になります。それからずっと、レッスンを受けています。

●2月11日火曜日、17時～17時25分。

会話のテーマは「アメリカのアカデミー賞」。韓国映画の『パラサイト』が作品賞を受賞したこと。「'Parasite' reinjects diversity into Oscars.」（『パラサイト』がオスカーに多様性を再注入）と「Kazu Hiro wins his 2nd Oscar.」（カズ・ヒロが2度目のオスカー受賞）」という見出しの2本の英文記事をもとに会話しました。私がアルビー先生に記事の内容を説明して、その後、会話するのです。ちなみにカズ・ヒロとは、京都出身の辻一弘さんのことで、アメリカでメイクアップ・アーティストとして活躍されています。

日本では、それまでにカタカナの「パラサイト」という言葉がメディアに取り上げられており、それについて私が説明しました。「すねかじり＝成人になっても親を頼って生きる子供＝depend on parents」という意味があり、「失業中の息子が私たちにパラサイトしている」などと表現されます、といった説明をして話が弾みました。

●2月13日木曜日、18時～18時25分。

この日は、「中国紙　1面トップで『武漢を応援する日本』報道」というテレビニュースのことを話題にしました。新型コロナウイルス感染が深刻化する中国で、話題になっているイラストがあるという話です。イラストは「病室のベッドに横たわっているのは『中国』で、すぐその横で『日本』が見守っている。駆け付けた他の国々はすべて外からのぞいている」（A Chinese person is lying on the bed in hospital. A Japanese person is watching over beside the bed. A lot of countries person is standing outside of the room. They're just looking inside.）というものです。

もうひとつ、中国の武漢へ日本から届いた支援物資に書かれていた「青山一道同雲雨（せいざん いちどう うんうを おなじうし） 明月何曾是両郷（めいげつ なんぞ かつて これりょうきょう ならん）」という漢詩に、「中国人の我々よりもよく知っている」と驚きの声が上がっているという話も報道されていました。この漢詩は「（我々は互いに別々の地にあっても）同じ雲や雨の下にあり、同じ月を眺めている」ということで、「離れていても心はひとつ（One heart even if you are away.）」を表している、とのこと。これについては、日本人の心遣いや思いやり（thoughtfulness）を示した行為で、受け取った側もちょっとしたサプライズに心がほっこり（heartwarming）したと思う、と説明しました。

この頃日本では、横浜港に停泊中のダイヤモンドプリンセス号で船内隔離が行われており、ちょうどこの日には初めて国内でコロナによる死者が確認されたという時期でしたが、のちにあれほどの規模に拡大するとは、誰も思っていなかったと思います。ですから、このニュースについては現状報告をしただけでした。

●2月15日土曜日、16時30分～16時55分。

この日は、フィリピンについての話題でした。「Duterte formally decides to end troop agreement with U.S.」（ドゥテルテが正式に米国との地位協定の終了を決意）という記事をもとに、ドゥテルテ大統領の政策に対するアルビー先生の意見などを交えながら会話しました。先生は、「大統領を応援しているので、静かに見守っていく」と言っていました。

●2月17日の月曜日には、アフガニスタンのレストランに「Multilingual robot waitress」（多言語ロボットウェイトレス）がお目見えした、という話を取り上げました。これについては、私の方から次のようなトピックを話しました。我が家の近くのレストランにも「ロボットウェイトレス」が登場して、オーダーした食品が運ばれて来ます。受け取った後に、ロボットの頭にあるボタンを押すと、ロボットが「ありがとう！」と言ってレストランの調理室へ帰って行きます。目の大きな可愛いロボットです。

●2月19日水曜日には、香港で起きた「Toilet paper delivery hijacked.」（トイレットペーパー配達中に襲われる）という、奇妙な事件について話しました。実は、これもコロナの影響でした。トイレットペーパーが不足するというデマに踊らされて、刃物を振り回す男にトイレットペーパー配達中のドライバーが襲われ、何百ロールも奪われたのです。

このように、いろいろな分野から話題を拾ってきて会話することは、私にとってまことに楽しい時間の使い方でした。この2020年2月は、結局10回のレッスンを楽しみました。その後のコロナ禍でも、オンラインによるレッスンはずっと続けました。当時は、国民全員がマスクをし、友だちにも会えず、夫はマスクとフェイスシールドをもって出張しており、平日は私1人が家にいる状態が続いていました。そんな中で画面越しとはいえ、直接顔を合わせて話をする（talk face to face）ことができたことのありがたさ、それがどんなに私の心を慰めてくれたことでしょう。

最近はほかの先生とのレッスンも多くなりましたが、一番多く画面で顔を合わせているアルビー先生とはもう5年もお付き合いしていることになります。画面上で会うだけですが、本当に古くからの友人のような気がしています。ただ、一昨年（2022年）の春頃に3人目のお子さんを妊娠されたけれど、つわり（morning sickness）がひどくて、1年近くレッスンを中断されていました。そんな理由で、それ以降は先生のレッスンがあまり取れていないので少し寂しいですが、オンラインでのレッスンはこれからもできる限り続けていきたいと考えています。

続いた、続ける、英会話ラジオと英字新聞

オンラインレッスンとともに、ずっと続けてきたラジオの英会話番組を聞くことと英字新聞を読むことは、私の英会話力の維持・強化に計り知れない効果をもたらしてくれました。

ラジオ番組を聞き始めてからもう40年近くが経過しましたが、録音は毎日続けています。まさに「光陰矢の如し（Time flies like an arrow.）」で、中学3年生向けの『基礎英語3』と高校生向けの『英会話入門』を聞くことで始まったＮＨＫの英会話番組との付き合いも、少しずつ〝大人の英会話〟に移行してきました。

現在は、『英会話タイムトライアル』、次に『ラジオビジネス英語』、そして最後に『ボキャブライダー』が、夜11時から11時40分まで放送されるので（途中10分間のプログラムはスキップ→録音テープが30分のため）、それを毎日自分の手で録音して聞いています。ラジオカセットの近くにメモ用紙を置いて、気になった文章や熟語や単語を書き留めて覚えることも、相変わらず続けています。

英字新聞に関しては、この本をまとめる作業もほぼ終わった頃、ちょっと嬉しいことが

ありました。今年（２０２４年）１月22日の月曜日に、読売新聞の朝刊で私の英字新聞活用法が紹介されたのです。

〈英語力アップ／頼れる伴走者〉

という見出しがついた記事は、我が家の室内にあふれるメモのことから始まりました。

〈「as clean as a whistle　清廉潔白で」「virtuous circle　好循環」。三木さんの自宅を訪ねると、英語の単語やイディオムとその日本語の意味を書いたメモ、書き込みのある英字新聞の切り抜きがキッチンの壁を埋め尽くしていました。メモは二重、三重に貼られ、まるで地層のようになっています。〉

〃メモ魔〃の私が、これまで英語の勉強に英字新聞をどう役立ててきたのかを要領よくまとめた上で、英検準１級に合格したことや英会話教室を22年間開いていたことも紹介してくれました。

実は、これは私が長年、英字新聞（「デイリー・ヨミウリ」、現在は「THE JAPAN NEWS」）と読売新聞を読み比べながら英語を勉強してきたことを新聞社に投書したことが、記者さんの目にとまり、英字新聞のPRも兼ねて記事になったようです。

発行部数６００万部という新聞に、自分のことが大きな写真とともに半ページにもなる記事になって掲載されたことは、気恥ずかしさもなくはなかったのですが、やっぱりちょ

読売新聞朝刊（2024.1.22）に私の記事がこの写真付きで大きく紹介された。

っと鼻が高いような気もします。ともあれ、これも英語とともに長い間歩んできた私への〝プレゼント〟だと思いました。

おわりに 「聞けて、話せる英語！」のために

至急に連絡をとるために公衆電話ボックスを探し、もどかしくダイヤルを回していた時代のことを考えると、まるで夢のような世界が実現したと思います。携帯のスマートフォンで簡単に通信ができるようになり、世界各地の情報が瞬時に地球を駆け巡るようにもなりました。電子機器の翻訳機能が飛躍的な進歩を遂げて、様々な言語を瞬時に日本語に変換するようなシステムも普及しつつあります。

しかし、直接顔を合わせての「会話」（We meet in person.）というコミュニケーションには、相手の表情の変化も読み取りながら行うことができるという優位性があります。たとえパソコンや携帯の画面を通しての「会話」（We talk face to face.）であっても、生きた言葉をやり取りすることは実り多い時間であるといえるでしょう。

さてここで、こんな問題に挑戦してみてください。

〈英語の授業で、ニュージーランドから来た留学生が環境問題についてのプレゼンテーションをしています。その発表やスライドの内容をもとにして、あなた自身の考えとその理由を英語で伝えましょう。1分間話す内容を考えたあと、30秒で話してください。メモを取ってもかまいません。それでは、プレゼンテーションを聞きましょう。

Do you buy plastic bags at the store? Or, do you use eco bags?

Look at this picture.（写真は省略）There are many plastic bags in the sea. It is a serious problem today.

Now, look at this.（グラフは省略）I was really surprised to see this because over 25% of people in Japan buy plastic bags at stores. In New Zealand, stores do not sell plastic bags and we take eco bags.

Some people may say plastic bags are becoming more eco-friendly, but I recommend stores in Japan should stop selling plastic bags.（図にMy ideaとして、"Stop selling plastic bags!"とある）What do you think?〉

実はこれは、「はじめに」で述べた「令和5年度全国学力調査」で正答率が4・2パーセントだったという、中学英語の「話す」の問題です。あなたはどうお答えになりましたか。

この問題を見た時に、私としてはまず、「三木教室」の中学3年生たちだったら正答を「話す」ことができただろうか、と考えました。そして、生徒一人ひとりの顔を思い出しながら、この程度の問題ならばきっとほとんどが正答だったろう、と推測して安心しました。

ちなみに、国立教育政策研究所が作成した正答例は、次のようなものです。

〈I like your idea. Many people in Japan use plastic bags. We must change our action to protect environment like people in New Zealand.〉

それにしても、4・2パーセントという数字は残念だし、日本の学校における英語教育が依然として、「使える英語」に結びついていないことを示していると思います。使える英語とは、英語で会話ができることです。そして、「会話」は言葉のキャッチボールです。お互いの「意思疎通」ができて初めて成立するものです。言い換えると、相手に自分が考えていることを伝え、相手の返事を理解して、相互理解、認識の共有などを図ることが「会話」であり、相手からの返事を理解できないとすれば、会話は成立しないのです。

私の目指す「聞けて、話せる英語！（English for communication!）」は車の両輪と同じです。どちらか一方だけではバランスが取れず、車は動きません。両方がそろって、初めてその役割を果たす大切なものであると確信しています。対面での生きた英語のキャッチボールを実現させるために、自分の生活の中に少しずつ取り入れ、楽しみながら、世界中の人々と自然にコミュニケーションが取れるようになってほしいと願っています。私は、そのために「三木教室」を開講しました。そして、それを22年間続けたことによって、「一隅を照らす」生き方、つまり、「自分の居場所で精一杯尽くし、周囲の人たちを照らす（輝かせる）人になる」という生き方が、多少はできたのではないかと思っています。

これからも、「聞けて、話せる英語！（English for communication!）」を少しでも多くの方々に実感していただけるような活動を続けていきたいと願っています。

最後に、この本を執筆するにあたり、出版経験のある夫（三木博幸）が強く私の背中を押してくれたことで始まり、その後の継続的なサポートのお陰で完成できたことに感謝すると同時に、貴重な時間を傾注していただきました読者の皆様に、深謝申し上げます。

三木律子

著者プロフィール

三木 律子（みき りつこ）

株式会社コスト開発研究所　取締役

1949年　島根県出雲市生まれ
1970年　島根県立女子短期大学（現　県立短期大学部）卒業
1970年～75年　山陰合同銀行勤務
1981年～83年　ニューヨークで生活（夫の海外駐在に同行）
1996年～2018年　ECCジュニア英会話教室「三木教室」
2007年　実用英語技能検定　準１級に合格
2009年～　株式会社コスト開発研究所　取締役に就任、現在に至る
2024年　読売新聞朝刊（1.22）に英字新聞PR記事にて自らの英語学習法を紹介される

私の歩いた英語道《えいごみち》　「聞けて、話せる英語！」を目指して

2024年７月15日　初版第１刷発行

著　者　三木 律子
発行者　瓜谷 綱延
発行所　株式会社文芸社
〒160-0022　東京都新宿区新宿1－10－1
電話　03-5369-3060（代表）
03-5369-2299（販売）

印刷所　株式会社フクイン

ISBN978-4-286-25824-9　JASRAC 出 2401219－401